SHODENSHA
SHINSHO

桂太郎

——日本政治史上、最高の総理大臣

倉山 満

祥伝社新書

はじめに

なぜ、桂太郎を描くのか――。それは、今の日本に求められる宰相だからです。こんな総理大臣が欲しい！　その人物こそ、桂太郎です。本書を最後までお読みいただければ、すべての読者が桂の偉大さを理解し、好きになっていることを著者として保証します。

桂の何がすごいのか。まず、わが国の憲政史において、最高の実績があります。第一次桂内閣で日英同盟を結び、日露戦争に勝利しました。第二次桂内閣では日韓併合と条約改正を行ない、幕末に不平等条約を押しつけられた日本を一等国に引き上げました。このうちのひとつでも、歴史に名が残ってしかるべき業績です。

特筆すべきは、高平小五郎《たかひらこごろう》駐米大使とアメリカのエリフ・ルート国務長官の間で結ばれた「高平・ルート協定」です。明治四十一（一九〇八）年に相互の領土保全などを約した同協定により、太平洋を挟《はさ》んだ新興二大国・日米の関係を安定化させました。また、前年に結ばれた日仏・日露・英露の三協商、すでに存在していた英仏協商と合わせ、日英同盟と露仏同盟が結びつきました。これによって、日本はどの国にも滅ぼせない国となったのです。この外交過程にも、桂は深くかかわっています。

このように、桂は偉大な外交家ですが、財政家としても日露戦争後の経済政策に専念するために大蔵大臣を兼任し、後顧《こうこ》の憂《うれ》いを絶とうとしました。

さらに、日本を二大政党制の国にしようと、がんで余命いくばくもない体で奮闘し、皮肉なことに、みずからの第三次内閣がみじめな形で葬《ほうむ》り去られることで、道筋をつけました。「民主主義は優曇華《うどんげ》の花のようなもの」との言葉もありますが、民主主義の本場イギリスですら、二大政党制の実現には数百年かかっています。しかるに、わが国は帝国憲法制定から三五年で、「憲政の常道」と呼ばれる二大政党による政権交代が成立するデモクラシーを実現したのです。

これら輝かしい実績と共に、首相の在職期間においても、桂は二〇一九年十一月二十日に安倍晋三《あべしんぞう》に抜かれるまで第一位を誇っていました（図1）。

戦後、占領軍によって押しつけられた日本国憲法下では、自由民主党《じゆうみんしゅとう》（以下、自民党）の一党優位の時代が大半を占めています。その自民党は官僚に依存した政党であり、官僚の振りつけがなければ何もできない、そして官僚が振りつけをまちがえると国民が不幸になる。事実上の官僚政治が続いています。官僚に依存した自民党政治の原点は、実は明治時代の立《りっ》憲政友会《けんせいゆうかい》にあります。

明治後期から大正はじめにかけての一二年間、行政を動かす官僚と、予算と法律の決定権を持つ政党が、対立と妥協を繰り返しつつ支配層（エスタブリッシュメント）を形成したのが、桂太郎と西園寺公望《さいおんじきんもち》の二人だけが首相候補だった「桂園時代《けいえん》」です。

軍を含む官僚機構を支配する元老《げんろう》の利益代表・桂と、予算先議権という最強の拒否権を持つ衆議院で常に第一党である立憲政友会の総裁・西園寺。桂は、西園寺のもとで番頭役を務めるカミソリのような原敬《はらたかし》と時には対立しながらも提携し、難局を切り抜け、日露戦争に勝利します。しかし、事実上は政権交代のない一党優位の談合体制下で、腐敗は進んでいました。そして官僚機構は、単なる支配層から既得権益層へと変質していったのです。

図1　首相の通算在職日数

順位	氏名	日数
1	安倍晋三	3080日※
2	桂太郎	2886日
3	佐藤栄作	2798日
4	伊藤博文	2720日
5	吉田茂	2616日
6	小泉純一郎	1980日
7	中曽根康弘	1806日
8	池田勇人	1575日
9	西園寺公望	1400日
10	岸信介	1241日

※2020年5月31日時点

これに対して、桂は憲政の健全な発達を期し、それまでの政治的財産をすべて捨ててみずから新党結成に乗り出したところで、その命が尽きました。

桂は死してなお憲政に尽くしましたが、権力や既得権益をすべて捨てられる人が、はたして今の日本にどれほどいるでしょうか。教科書では、桂は憲政擁護を求める民衆の前に引きずり降《お》ろされた哀れな宰相として描かれています。しかし、八カ月後の葬儀では桂を偲《しの》ぶ多くの民衆で道が埋め尽くされたことを、どれほどの人が知っているでしょうか。

大東亜戦争による敗戦、そして現在の硬直した内政。桂が築いた大日本帝国の栄光は見る影もありませんが、だからこそ、我々が桂を知る意義があるのです。

桂はニコっと笑ってポンと肩を叩《たた》いて人を籠絡《ろうらく》する「ニコポン政治家」とされています。伊藤博文《いとうひろぶみ》も愛想がよく「八方美人」とされましたが、桂は「十六方美人」とまで言われました。頭が大きな容貌から、「巨頭翁」「大顔児」などのあだ名もあります。

これらは愛嬌があって憎めない、人心掌握力があると肯定的にとらえられることもありますが、愛想がいいだけで中身がないという否定的な表現でもあります。当時の史料でも「幇間《ほうかん》」、つまり太鼓持ちと揶揄《やゆ》されたこともあります。山県有朋《やまがたありとも》など先輩政治家に媚《こ》び諂《へつら》って出世した権力の亡者、との悪評もつきまとっていました。

いずれも「偉人」としての評価ではありません。未曾有《みぞう》の国難である日露戦争を勝利に導いた救国の英雄であるにもかかわらず、認知度は低い。司馬遼太郎《しばりょうたろう》の小説『坂の上の雲』に至っては、桂は雑魚《ざこ》キャラ扱いです。

確かに、桂は前線指揮官として華々しく活躍したわけではありませんが、後方にあって、地味でも必要な仕事を着実に行ないました。国民の怒りを買ってでも、しなければならないことを断行しました。それが何かを、その後の日本人が忘れたから、大東亜戦争で敗れたと言っても過言ではありません。

桂を読み解くに際し、本書では三つの物差し、「国際政治」「国内政局」「重要政策」を提示します。桂は国際政治を理解しながら、国内政局を収め、喫緊《きっきん》の事項から重要政策に取り入れ、事《こと》にあたりました。しかも、その優先順位をまちがえませんでした。

本書は政治史が中心ですが、単に過去の記述ではなく、日本の未来を示すものです。この混乱の世を生き抜くことを望むすべての人に、国民を導き、国を救うとは何かを桂太郎を通じて知っていただきたく、筆を執りました。

なお、引用文は読みやすさを考慮して、現代文あるいは要約にしています。また、一部の漢字・カタカナをひらがなに、ひらがなを漢字に改め、ふりがな・句読点・カッコなどを加除しました。

二〇二〇年五月

倉山《くらやま》 満《みつる》

目次

第二章　陸軍・長州閥の寵児――陸軍大臣就任と政界工作

第三章　国難に立ち向かう宰相——第一次桂内閣と日露戦争

第四章　近代史に輝く功績——第二次桂内閣と桂園時代

第五章　政争の渦――第三次桂内閣と桂新党

本文デザイン　盛川和洋
図表デザイン　篠 宏行

写真出所　※数字は掲載ページ
『公爵桂太郎伝 乾巻』(徳富猪一郎編述)／17、19、31、69、79
『公爵桂太郎伝 坤巻』(徳富猪一郎編述)／181、229、263、273
『桂太郎』(小林道彦著)／257
朝日新聞社／65
アフロ／111

第一章

若獅子、駆ける

——長州藩から明治新政府へ

ドイツ留学時の桂(25歳頃)

名家の勝ち気な少年

桂太郎は弘化《こうか》四年十一月二十八日（一八四八年一月四日）、桂與一右衛門《よいちえもん》（写真）の長男として、長州《ちょうしゅう》藩の萩《はぎ》城下の平安古《ひやこ》に生まれました。幼名は壽熊《ひさくま》。

自伝によれば、源頼朝《みなもとのよりとも》の側近であった大江広元《おおえのひろもと》から十代を経《へ》た桂広澄《ひろずみ》が桂家の祖であり、桂太郎は広澄から十一代の子孫にあたります。大江広元の四男は毛利《もうり》を名乗っており、桂家は藩主・毛利家と祖を同じくする上流武士の一族です。もっとも、桂太郎の育った家は桂本家ではなく分家なので、「禄《ろく》があまり多くないので、家計は不足しがちであった」ようです（『桂太郎自伝』）。

ちなみに、桂広澄は、一九九七年の大河ドラマ『毛利元就《もとなり》』では草刈正雄《くさかりまさお》が扮《ふん》し、野心家の悪役として描かれていました。ドラマの広澄は元就の異母弟の謀反に加担して失敗し、切腹。息子の元澄《もとずみ》がのちに元就の側近として取り立てられます。

しかし、史実では広澄は無実のようです。加担していたのは親族で、このとき毛利元就はわざわざ広澄に使いをやり、「そちは何の関係もないから、これまで通り忠勤を励《はげ》め」と伝えました。ところが、広澄は顔面神経痛で顔がゆがんでおり、笑った顔が怒ったように見えたりするため「今後、殿のお相手をした場合、笑った顔が怒ったように見えたら、殿はきっと広澄は弟を殺された怨《うら》みを忘れないと考えられるだろう。そういうつまらぬことに神経を使ってまで、生きていたいとは思わない」と切腹したそうです（榊山潤『知将・毛利元就の生涯』）。

このように、桂の家柄は、伊藤博文や山県有朋など、維新第一世代の主だった人たちより上でした。ちなみに山県は足軽、伊藤は半分農民です。確かに、若いころの桂には「お坊ちゃん」らしさを感じます（31ページの写真）。

桂の両親

父與一右衛門《よいちえもん》(左)と母喜代子《きよこ》

後年の桂を彷彿《ほうふつ》させるエピソードも残っています。壽熊は凧《たこ》揚《あ》げが好きな子どもでしたが、あるとき六枚張の紙凧を揚げていると、それを見た村の少年が同じく六枚張の凧をつくりました。すると壽熊は、倍の一二枚張の紙凧をつくって揚げました。さらに一二枚張のものをまねた者が現れると、壽熊は負けてなるものかと二四枚張の凧をつくったところ、まねる者はいませんでした（川原次吉郎『桂太郎　三代宰相列伝』）。

このように、少年時代の桂は負けず嫌いで、意地っ張りだったようです。少年時代の桂に多大な影響を与えた人物が、母方の叔父・中谷正亮《なかたにしょうすけ》です。中谷は吉田松陰《よしだしょういん》の親友であり、松陰亡きあとは松下村塾《しょうかそんじゅく》を引き継いでいます。桂は叔父から世界地図を見せてもらいながら、海外情勢を教わっていました。そのため、桂は幼少のころより外国に行って知識を得たいと思っていたようです（『桂太郎自伝』、宇野俊一『桂太郎』）。

十九世紀末の国際情勢——ビスマルク登場

長州藩にとって大きな転機の年となるのは、元治《げんじ》元（一八六四）年です。当時の桂は一七歳ですが、この前後から社会的に活動し始めます。

このときの国際情勢を確認しておきましょう（図2）。当時の大国はイギリス、ロシア、フランス、オーストリア、プロイセンです。このヨーロッパ五大国は、桂の一生を通じて世界の大国であり続け、これらの国々の動向が国際情勢を決めていました。

世界の覇権を握っていたのがイギリスであり、ロシアは挑戦する立場です。イギリスはフランスと植民地問題、ロシアはオーストリアとバルカン問題（オスマン帝国の衰退により起こったバルカン半島諸民族の独立運動と列強の介入）で、それぞれ慢性的に争っていました。プ

図2　普丁《ふてい》戦争時の国際情勢(1864年)

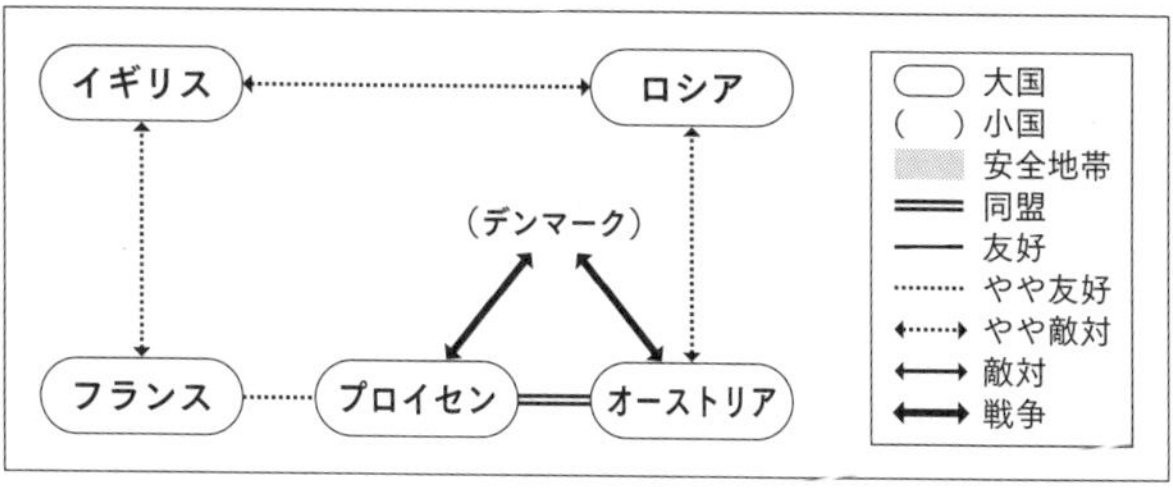

ロイセンは〝名ばかり五大国〟であり、末席だったのですが、首相にオットー・フォン・ビスマルクが就任するや、以後三〇年間はビスマルクがヨーロッパ外交界を牽引《けんいん》し、世界中の国が影響を受けました。

当時のドイツはいくつもの領邦《りょうほう》に分かれており、ビスマルクはその統一を目論《もくろ》みます。統一にあたっては、オーストリアを含む「大ドイツ主義」とオーストリア抜きの「小ドイツ主義」が対立していましたが、ビスマルクはオーストリアを排除し、プロイセン主導でドイツを統一しようとします。

このような情勢下、隣国デンマークが国境地帯で問題を起こします。デンマークはドイツのシュレスヴィヒ公国・ホルシュタイン公国と国境を接していたのですが、一八六三年にデンマーク人が多い両国を併合してしまいました。

それに対して、プロイセンはオーストリアを誘ってデンマーク戦争（普丁《ふてい》戦争）を起こします。国内の右翼に煽《あお》られて無謀な戦争をしかけたわけです。小国デンマークは健闘するも、すぐに力尽きて敗北。戦後はシュレスヴィヒをプロイセン、ホルシュタインをオーストリアが分割管理することになります。ビスマルクは、次の戦争に備えます。ドイツ統一を邪魔されないように、ぬかりなくフランスの了解を取りつけ、来《きた》るオーストリアとの対決を準備するのです。

なお、一八六四年の段階で、日本に来た大国はイギリス、フランス、ロシアであり、オーストリア、プロイセンはそれどころではありませんでした。ちなみに最初に日本に来たアメリカは、南北戦争の真っ最中です。

功山寺《こうざんじ》決起――そのとき、桂は?

そのころ、日本も転換期を迎えていました。江戸幕府創設以来、徳川《とくがわ》将軍家と譜代《ふだい》大名が権力を独占していました。朝廷は京都に封じ込められ、外様《とざま》大名は排除され、将軍のライバルになりうる有力な親藩《しんぱん》は敬遠されていました。

しかし、嘉永《かえい》六(一八五三)年にアメリカのペリーが来航し、政治が混乱すると、朝廷・親藩・外様大名らが政権参画を求めます。そして文久二(一八六二)年に一橋慶喜《ひとつばしよしのぶ》が薩摩《さつま》藩と会津《あいづ》藩の支援で将軍後見職《しょうぐんこうけんしょく》として事実上の政権を掌握すると、幕末最後の五年間は慶喜を中心に動くこととなります。

将軍は第十四代・家茂《いえもち》ですが、お飾りです。慶喜は禁裏御守衛総督《きんりごしゅえいそうとく》に就任しており、会津藩と桑名《くわな》藩の軍事力を従え、江戸の幕府中央とは距離を置く別勢力として、京都で幅を利《き》かせていました。いわゆる「一会桑政権《いちかいそう》」です。

慶喜は孝明《こうめい》天皇の信任を得て、事実上の政権首班としてふるまいます。幕府中央に対しても天皇を使い、命令。さらには薩摩藩を利用するだけ利用して、遠ざける。慶喜が京都で権力を振るうのを、江戸にいる幕府の官僚たちは苦々しく見ていました。

孝明天皇は、大の外国嫌いでした。ところが幕府は、嘉永《かえい》七（一八五四）年に日米和親条約、安政《あんせい》五（一八五八）年には日米修好通商条約をはじめとする安政五カ国条約を結び、開国を進めてしまいました。孝明天皇は「勅許《ちょっきょ》を与えない」と不満でしたが、外国側は「条約を結んだのだから、さっさと港を開け」と要求します。

そのため、この時期の国内政局における最重要課題は「兵庫開港問題」でした。兵庫（現・神戸《こうべ》市）は地の利のいい港です。結局、慶応《けいおう》三（一八六七）年に開港され、外国人居留地が設けられたことから、現在でも洋風建築が並ぶ通称異人館街が残っています。

明治に入ると、すっかり忘れ去られましたが、文久二（一八六二）年から慶応三（一八六七）年までの五年間、延々と「兵庫を開港しろ」「いや、しない」でもめていました。兵庫は京都から目と鼻の先です。孝明天皇としては、このような近所に外国勢を絶対に入れたくない。慶喜は、外国には「国内を抑《おさ》えられるのは私だけですよ」、天皇には「外国と話ができるのは私だけですよ」と、双方を手玉に取ります。

このとき、長州藩は〝野党〟として、実現不可能な正論・極論を突きつけ、主流派である〝与党〟の幕府を揺さぶります。そのスローガンは「尊王攘夷《そんのうじようい》」です。「尊王」は当時の常識ですから争点になりませんが、問題は後半の「攘夷」です。

前年に外国船を砲撃していた長州藩は元治元（一八六四）年、英仏米蘭の四国連合艦隊に反撃されて、下関《しものせき》を火の海にされました（馬関《ばかん》戦争）。ちなみに、この敗戦を経験した山県有朋は、生涯を通じて軍事力の行使には常に慎重でした。さらに孝明天皇を拉致《らち》して一橋政権を転覆しようと京都御所に発砲しますが、薩摩・会津・桑名の三藩に撃退された挙句《あげく》、逆賊として認定されてしまいました（禁門《きんもん》の変）。

そして、長州藩は俗論派と正義派の二派に分かれ、殺し合いの派閥抗争を続けました。日本と世界を敵に回したのは正義派です。俗論派は現状維持派であり、「なぜ長州が日本の政治に責任を持たなければならないのか」と主張。幕府による長州征討に怖気《おじけ》づき、要求されるままに軍艦を引き渡し、恭順を説きました。

藩論は俗論派に傾《かたむ》き、正義派は弾圧されましたが、奮起したのが高杉晋作《たかすぎしんさく》です。「ここで軍艦を引き渡したら、長州は二度と日本のために戦えない」とクーデタを起こします。これが、元治元（一八六四）年十二月十五日の功山寺決起（功山寺挙兵、回天義挙《かいてんぎきょ》）です。高杉の独走で、伊藤俊輔《しゅんすけ》（博文）が力士隊、石川小五郎《いしかわこごろう》（河瀬真孝《かわせまさたか》）が遊撃隊を率《ひき》いて駆けつけましたが、挙兵の人数はたった八〇人ほどでした。しかし、いったん決起してしまうと仲間が次々と集まり、ついには勝利します。

このとき最初に駆けつけたのが伊藤で、高杉にもっとも信頼され奇兵隊《きへいたい》を預かっていた山県狂介《きょうすけ》（有朋）は最後でした。山県、生涯にわたる痛恨の失点です。他にも井上馨《いのうえかおる》、山田顕義《あきよし》、前原一誠《まえばらいっせい》など、のちの明治政府における長州閥の重鎮は、すべて決起に参加していきます。井上に至っては怪我で重傷を負った身で駆けつけています。

このとき、大きな役割をはたしたのが、藩主の毛利敬親《たかちか》です。俗論派が牛耳《ぎゅうじ》る藩政府は、高杉決起軍に兵を向けるよう求めます。議案には「追討」の文字がありました。一読した敬親は、これを「鎮静」の二字に改めさせました（徳富猪一郎《とくとみいいちろう》〔蘇峰《そほう》〕編述『公爵山県有朋伝』上巻）。敬親は、家臣の進言に「そうせい」と答えるのが常であったために、「そうせい候」

のあだ名で知られていますが、このときは「そうせい候」ではなかったのです。

桂は同年七月、藩世子《はんせいし》・毛利元徳《もとのり》の小姓《こしょう》役を命じられています。中谷の甥《おい》として当然のことながら、正義派側の立場を取っていました。長州藩では禁門の変後、正義派が排除されますが、若年の桂は引き続き藩主親子に近侍《きんじ》を許され、藩内のさまざまな動きを伝える役割をはたしました。功山寺決起の際も、桂と意を通じた志道貫一《しじかんいち》、香川半助《かがわはんすけ》、冷泉五郎《れいぜんごろう》らが収拾方法を探るために行動を開始し、藩主・毛利敬親に謁《えつ》して自分たち世禄《せいろく》有志の意見を述べ、藩主敬親は戦闘中止を決意します（宇野『桂太郎』）。

桂は、俗論派に囲まれて思うように動けなかった当時の様子を「密《ひそ》かに城外の状況を藩侯に報告するのは自分だけだが、情報を伝えるのは簡単なことではなかった。藩侯が厠《かわや》に行くときにお伴《とも》をするときを待って、そのすこしの間に報告した」と自伝に書いています（『桂太郎自伝』）。

明治維新で活躍、せず……

ともあれ、高杉の功山寺決起が成功したことによって、歴史の流れが変わります。薩摩藩と長州藩が密かに通じ合うのです。慶応二（一八六六）年の四境戦争（第二次長州征討）では、薩摩藩は表向き中立の姿勢を取りますが、裏では長州藩を支援しています。桂はこの第二次長州征討で初陣をはたし、中隊長として指揮を執るのですが、たいした活躍は見せていません。

図3　功山寺決起後の国内情勢（1866年）

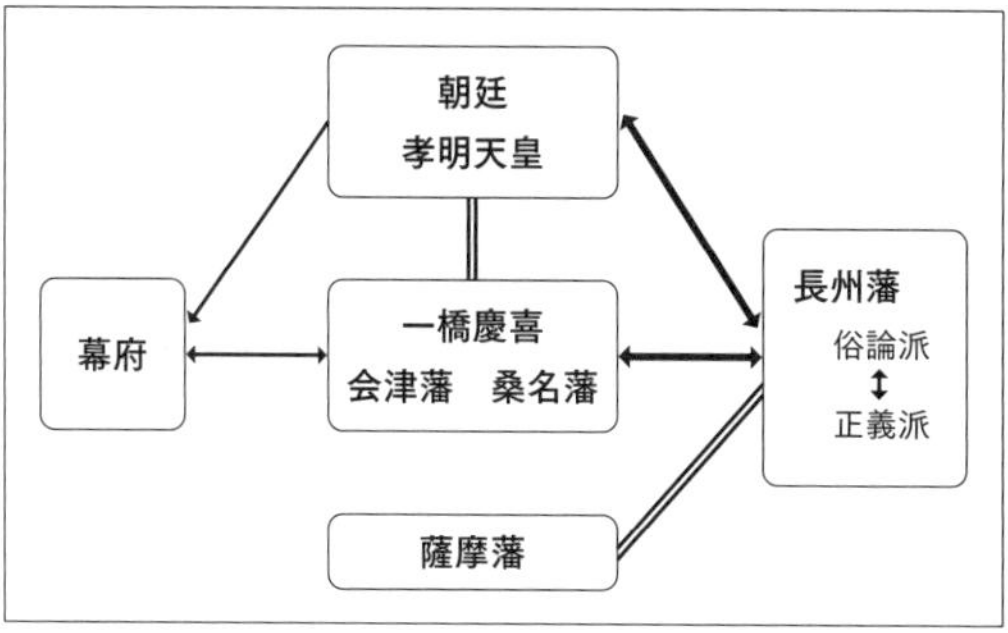

そして、長州藩が独力で一橋慶喜を撃退すると、薩長同盟がどんどん実体化していき、最終的には薩長同盟が慶喜に打ち勝っていきます（図3）。その後、歴史は一気に流れ、日本は違う国のようになります。時系列で見てみましょう。

一八六六年十二月　徳川慶喜が征夷大将軍に就任
　　　　　　　　孝明天皇崩御《ほうぎょ》
一八六七年一月　明治天皇践祚《せんそ》
　　　　十一月　薩摩藩兵が鹿児島を出発、入京
　　　　十二月　兵庫開港。王政復古

桂は派手な活躍がないとはいえ、大物たちと接触しています。王政復古を控《ひか》えた慶応三（一八六八）年、桂は京都で西郷隆盛《さいごうたかもり》と会っています。そして、西郷から御所内外の地形などを事前に観察しておくよう命じられます。薩長両藩は、天皇を密かに御所から脱出させて西日本から倒幕の詔《みことのり》を四方に発する策を練っており、桂も天皇に近侍して身辺警護する大役を担《にな》うことになっていました（小林道彦『桂太郎』）。

天皇を御所から脱出させるという計画は、徳川方と戦って負けた場合のことを考えています。室町時代の南北朝の動乱の再現を覚悟しているわけです。結果的にそのような事態には陥りませんでしたが、薩長側は最悪の場合を想定し、負けたら明治天皇をともない西日本へ逃げ、ふたたび徳川と戦火を交えるつもりだったのです。南北朝時代以外にも、源平合戦で平氏は安徳《あんとく》天皇を連れて逃げ、京都には後鳥羽《ごとば》天皇が立ち、二年間、二人の天皇が存在する状態が生じました。

実際には、慶応四（一八六八）年一月、鳥羽《とば》・伏見《ふしみ》の戦いで薩長側が圧勝し、戊辰《ぼしん》戦争の流れが薩長優位に傾きます。以降、長州藩の大村益次郎《おおむらますじろう》のたぐいまれな用兵により、旧幕府軍は東へ東へと潰走《かいそう》を重ねていきます。

戊辰戦争とは関係ありませんが、このころ桂は木戸孝允《きどたかよし》に留学の相談をしています。しかし、戦争の真っ只中で留学どころではなくなり、桂も東北に向かいます。

鳥羽・伏見の戦い以降の展開で知られるのは彰義隊《しょうぎたい》の敗北、会津藩の悲劇、北海道の五稜郭《ごりょうかく》などです。これらは薩長による追撃戦ですが、局地的には旧幕府軍が善戦しています。桂は会津でも北海道でもなく、その他の東北を転戦し、しかも苦戦しました。

戊辰戦争で弁舌たくみな交渉役

このように、桂には武闘派的な見せ場はありませんが、のちの「ニコポン政治家」の片鱗《へんりん》を示すエピソードを紹介しましょう。

慶応四（一八六八）年三月四日、桂は第四大隊第二中隊司令官に任命され、仙台へ向かいます。この第二中隊は隊長に従わないことで有名な隊でした。最初の隊長はそのために切腹し、二番目の隊長も斥《しりぞ》けられたのですが、弁《べん》の立つ桂はたくみにリーダー格の人物を説得してしまいます（『桂太郎自伝』）。

現代風に言うならば、ベテランのバイトリーダーを部屋に呼んでコンコンと諭《さと》し、うまいこと陥落させた新任上司です。軍規を守らせるために、もっとも強硬な者に軍令状を朗読させた、と自伝にありますから、これもバイトリーダーに「○○しましょう」といった標語を読ませ、全員を従わせた感じです。リーダーが服従すれば、あとは自《おの》ずとついてくる。涙ぐましくも地道な方法で、もめごとを収めたのです。

同年四月、最上河畔《もがみかはん》の戦いで官軍が敗れ、桂らは退却。惨憺《さんたん》たる敗北に終わりました。ただ、使い走りとしては重宝されたようです。上役から乞《こ》われて西郷や木戸へ援軍要請に出されています。機転や説得力が買われたのでしょう。

連絡役としての活躍で特筆すべきは、天童《てんどう》藩の吉田大八《よしだだいはち》(守隆《もりたか》)とのからみです。奥羽《おうう》にも官軍に味方する藩があり、そのうちのひとつ天童藩は官軍の先鋒《せんぽう》を担っていました。閏《うるう》四月、奥羽越列藩同盟が成立すると、藩論は同盟側に傾き、桂らとつながりのあった中老・吉田大八は藩内で孤立してしまいました。桂は隠棲する吉田を逃がし、再起をはからせようとしますが、吉田は「藩主は仙台に質に取られているから、自分が逃亡すれば殺されてしまうかもしれない。藩主を見捨てるわけにはいかない」と桂の提案を拒絶し、その後、自刃《じじん》します(『桂太郎自伝』)。

同年九月、明治に改元となり、月末には会津藩が降伏します。奥羽戦争が終わると、桂は十月、長州藩兵を率いて吉田の墓に参ります。軍楽を奏しつつ墓の周囲を一巡させ、兵を退かせます。その後、桂はひとり墓前で涙しました(徳富猪一郎編述『公爵桂太郎伝』乾巻)。

さらに桂は遺族に会い、吉田の遺児・美弥子《みやこ》を娶《めと》ろうと未亡人と交渉しましたが、事《こと》はなりませんでした（徳富『公爵桂太郎伝』坤巻）。

こうして、桂の戊辰戦争は終了しましたが、家庭的な不幸に見舞われます。翌明治二（一八六九）年三月、父・與一右衛門が亡くなり、長男である桂は家督を相続しました。同年六月には、戦役の功により、賞典禄《しょうてんろく》二五〇石が下賜《かし》されます。これは西郷従道《つぐみち》の三〇〇石と桐野利秋《きりのとしあき》の二〇〇石の中間です（小林『桂太郎』）。

戊辰戦争時の桂

21歳頃

当時、桂は二一〜二二歳の青年ですから、使われる立場でチョロチョロしていたのは仕方ありません。しかし、桂が接したのは木戸孝允、大村益次郎、西郷隆盛など各藩の重要人物であり、天童藩・吉田とのエピソードは桂が他藩の重役と密な関係を築いていたことを示しています。賞典禄の額は、桂に対する評価が高かったことを感じさせます。華々しい軍功こそ挙げていませんが、他の面で評価されていたのです。

強引にヨーロッパへ留学

明治二（一八六九）年九月、桂は大村益次郎の口ききで横浜《よこはま》語学所に入学します。そして、一緒に入学した曾禰荒助《そねあらすけ》と共に木戸孝允に挨拶《あいさつ》に行きました。曾禰はのちに第一次桂内閣で蔵相を務めています。

大村は、第二次長州戦争から戊辰戦争に至る一連の戦役を全戦全勝させた名将です。桂はその大村に気に入られているわけですから、何か光る才能があったのでしょう。サッカーで言えば、守備的ミッドフィルダーのような役割でしょうか。点を取るストライカーではないけれども、地味ながらチームに貢献するタイプです。

残念なことに、桂の入学一カ月前の九月四日、大村は刺客に襲われ重傷を負い、その傷がもとで十一月五日に亡くなってしまいます。これが桂の進路にも影響を与えます。

桂は留学がしたくて横浜語学所に入ったのですが、大村の死後、組織が改変されます。桂は、官費留学できそうにないとわかると退学し、私費留学の道を選びます。学校は、簡単に退学できない規則であったのを、医者に偽《いつわ》りの診断書を書かせて無理矢理、退学します。「将来ふたたび軍務につけないかもしれない」と止められましたが、それでも信念を曲《ま》げませんでした。とにかく「留学したい」の一心で母を説得、藩とも交渉し、許されます。言い出したら聞かない頑固《がんこ》な性格であることがわかります。しかも、押し通す実行力も備えていました。

折しも明治三（一八七〇）年七月十九日、普仏《ふふつ》戦争が勃発。桂が横浜から出発したのが八月二十六日ですから、普仏戦争の真っ只中です。桂が語学所で一生懸命学んだのはフランス語で、留学先も当初はフランスの予定でしたが、プロイセンに変更します。

たいていのフランス人はドイツ語などできませんが、幸い、フランス語を解するドイツ人は少なからずいました。少なくとも上流階級の人とのコミュニケーションには、当初から、さほど困らなかったと思われます。桂より先にドイツに留学し、グレーキ氏宅に下宿していた佐藤進《さとうすすむ》の記録によると、佐藤を訪ねてきた桂がグレーキ夫人とたくみなフランス語で話をしていたとありますす（徳富『公爵桂太郎伝』乾巻）。

ドイツ、ヨーロッパ第三位の大国へ

ここで、国際情勢の変化について確認しておきましょう。プロイセンとオーストリアの連合軍がデンマーク戦争に勝ったのが、一八六四年でした。そのわずか二年後の一八六六年、普墺《ふおう》戦争が起こります（図4の一段目）。ビスマルクは、デンマーク戦争でオーストリアを利用しておきながら、プロイセン主導のドイツ統一を進めるため、普墺戦争でオーストリアを排除しました。

このときフランスの了解を得て、フランスが介入しないように手を打っています。ただし、真の邪魔者はフランスです。「プロイセン主導のドイツ」さえ確立すれば、オーストリアを敵に回す必要はありません。ビスマルクは軍がオーストリアの首都ウィーンに進軍したがるのを抑え、寛大な講和で決着させます。

そして一八七〇年七月、今度はオーストリアと組んで普仏戦争を始めます（図4の二段目）。開戦初頭の九月、ナポレオン三世は捕虜になり、フランス第二帝政は崩壊。第三共和政になります。ヨーロッパ五大国中、唯一の共和制国家です。翌一八七一年一月、ヴェルサイユ宮殿でドイツ帝国が誕生しました。嫌味《いやみ》なことに敵地で式典を催したのです。

フランス、オーストリアを下したドイツは今や、イギリス、ロシアに次ぐヨーロッパ第三位の大国になりました。当然、国際秩序は変化します（図4の三段目）。フランスはドイツに復讐の念を抱きますが、ドイツはオーストリアと同盟を結んで対抗します。問題は、ロシアとオーストリアの仲が悪いことです。ロシアとフランスが結べば、ドイツとオーストリアは

図4 1866〜1890年の国際情勢

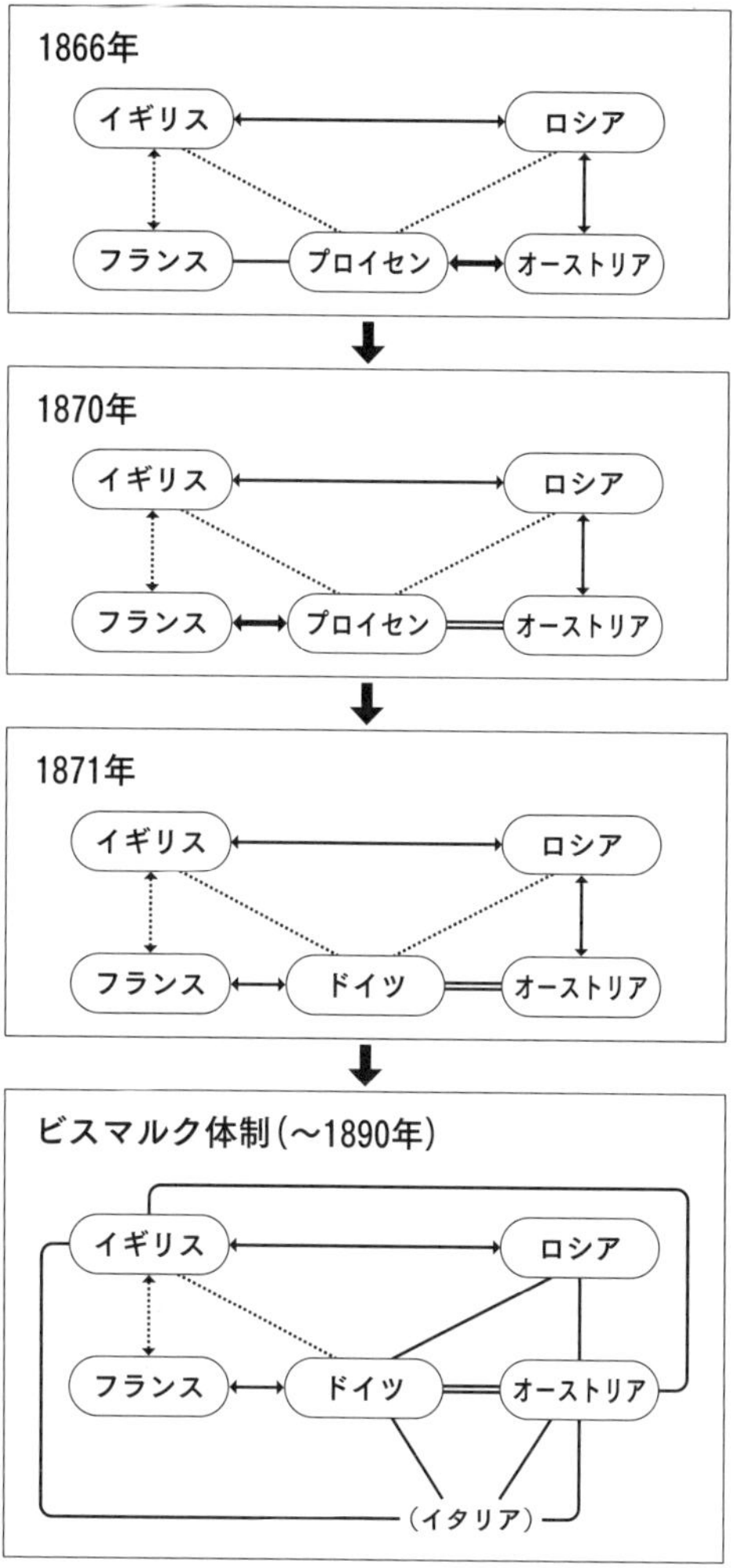

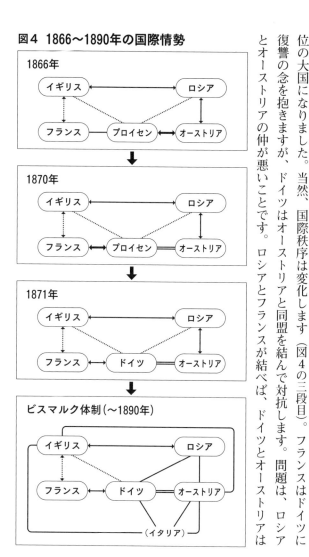

挟み撃ちにされるので、これだけは絶対に避けたい。

そこで、ビスマルクは複雑な策を考えます。まず、ロシアとオーストリアの対立をゆるめるために、一八七三年にドイツ・オーストリア・ロシア間に三帝同盟を結ぶのです。さらに一八八二年、ドイツ・オーストリア同盟にイタリアという名ばかり大国を加えて、三国同盟が成立します。

残るはイギリスですが、ドイツみずからがイギリスと結ぶわけにはいきません。イギリスはロシアの敵ですから、そんなことをしたら「同盟を結んでおきながら、敵と通じるとはどういうことだ」と反感を買います。

そこで一八八七年、イギリスに、ドイツの同盟国であるオーストリア・イタリアと地中海協定を結ばせます。これなら、ロシアに対してもドイツの面目が立ちます。「あくまで地中海の話ですからドイツは関係ありません。オーストリアとイタリアがイギリスと結んでいるだけです」と。もちろん、「三帝同盟と地中海協定の両方に入っているオーストリアはどうなのだ」という問題は残ります。墺露《おうろ》の対立は、この時点では完全には解決していません。

ともあれ、フランスを孤立させることにほぼ成功しました。両超大国イギリスとロシアが対立しているので、これで平和が保たれます。これが、いわゆる「ビスマルク体制」です

（図4の四段目）。一時的に関係が変化することはありますが、基本的にビスマルクが引退する一八九〇年まで、このまま推移します。

この一八九〇年は明治二十三年、帝国憲法施行の年です。ヨーロッパが普仏戦争を経て、ビスマルク体制で変動している間に、日本は明治維新を成し遂げていたのです。そうした一八七〇年代に桂はドイツに留学し、時代の変化を肌で感じることとなります。

ところで、その後の日本で模範国のように扱われたドイツですが、江戸時代にはプロイセン（ドイツ）など眼中にありませんでした。しかし、維新後に、突如として新興国ドイツが現れ、日本人は感嘆します。小国日本にとって、イギリスは超大国ゆえにまねできませんが、ドイツは統一したばかりの新興大国ですから、手本に最適だったのです。

さて、そんなドイツで桂太郎は何を学んだのでしょうか。

まずは語学です。フランス語は学んでいたけれども、ドイツ語はできなかったので、父の遺訓「一日に一字習えば十日には十字となるぞ　習え壽態」の精神を心に刻《きざ》み、毎日一〇語の単語をカードに記し、フランス語の辞書で重訳して覚え、半年に一八〇〇語を習得しました（徳富『公爵桂太郎伝』乾巻）。半年で一八〇〇語がはたして多いのか・少ないのか、どれくらいのレベルかが不明なのでなんとも……。しかし、語学は目的ではなく手段です。ドイツがなぜ勝てたのか、桂は研究の重点をそこに置きました。

桂は、学理的な内容を中心に学びます。並行して、普墺戦争におけるケーニヒグレーツの戦いで軍功を挙げた予備陸軍少将パリース宅に下宿して、直接教えを請《こ》うてもいます（小林『桂太郎』）。

それにしても木戸孝允、大村益次郎ら日本人のみならず、ドイツでもパリース、のちにはモルトケとも親交を結び、その愛顧《あいこ》を得る桂は日本史上、豊臣秀吉《とよとみひでよし》に匹敵する人たらしです。ちなみに、秀吉も桂も朝鮮出兵を行なっています。

「師団」は天才ナポレオンの発明品

なぜ、ドイツは普墺戦争、普仏戦争に勝利できたのでしょうか。ここで、戦い方の歴史について簡単に説明しましょう。

軍隊は指揮官（将軍）と兵の集まりです。将軍が号令をかけ、兵がその通りに動くのが基本です。これを徹底できるのが名将です。いわゆる「号令戦法」です。ただし号令戦法の場合、将がいなくなれば、極端な話、あとは烏合《うごう》の衆です。これはアレクサンドロス大王も、織田信長《おだのぶなが》をはじめとする日本の戦国武将も変わりません。

日常的に戦争をしているヨーロッパでは十七世紀後半から十八世紀にかけて、有力諸侯は常備軍を整えるようになります。それまでは傭兵《ようへい》が主戦力でしたが、常備軍は訓練されます。その常備軍を鍛え上げ、規律正しい軍隊をつくり上げたのは、プロイセンのフリードリヒ大王です。もっとも、軍を整備したのは彼の父王ですが、戦争に勝利し、プロイセンを大国に押し上げたのはフリードリヒ大王です。

フリードリヒ大王は政治家であると共に、将軍です。大王が先陣きって突撃をかけ、「ついてこい」の号令に兵士が従います。号令一下、その通りに動きます。実際、四五〇〇の騎兵を四分で整列させたなど逸話に事欠《ことか》きません。号令戦法の究極です。

この戦法は当然のことながら、王自身が危険な目に遭《あ》います。フリードリヒ大王は七年戦争（一七五六〜一七六三年）のときに追い詰められて、一度も自殺を覚悟しています。同じような戦い方を旨としたスウェーデンの王、たとえば三十年戦争（一六一八〜一六四八年）におけるグスタフ＝アドルフ、大北方戦争《だいほっぽう》（一七〇〇〜一七二一年）におけるカール十二世などは華々しく戦死しています。

頭《トップ》がひとつしかない軍隊は、兵士をいくら鍛え上げても、王＝将軍がすべてを決めているので、王が死んでしまうと、その他大勢には何もできません。こうした軍のあり方を劇的に変えてシステム化したのが、ナポレオン・ボナパルトです。ナポレオンの発明で重要なのは、師団と散兵戦術です。

人体《じんたい》にたとえれば、頭脳の思考が神経を通じて伝わり、体全体を思い通りに動かします。軍隊も、このように機動するのが理想ですが、問題はその単位です。フリードリヒ大王の軍隊の頭はひとつ、大王です。これに対し、ナポレオンは師団を発明しました。階級はそれまでの軍隊にもありましたが、師団長に自由裁量権を与えたのです。

その背景には、軍隊の規模の拡大があります。フリードリヒ大王の軍隊は、多くても一〇万人に満たない比較的小規模なものでした。いっぽう、ナポレオンは最大で七〇万人を動かしています。歴史上確認できる範囲で一〇〇万人単位の規模で軍隊が動いたのは、十九世紀のナポレオン戦争と、二十世紀の二つの世界大戦だけです。一九四五年以後は一度もありません。ただし、米中露のような大国は常に一〇〇万人単位の軍隊を抱えており、ナポレオンが発明したシステムを使って運用しています。その基本が、師団です。

動かす兵士の数が増えれば、どうしても中間管理職が必要になってきます。そのため、トップの考えていることを末端にまで行き渡らせるために師団を発明したわけです。師団は一万人程度を基本とし、五〇〇〇人規模の旅団二つを束ねる、旅団は一五〇〇人規模の連隊を三つ束ねる……と末端の兵士まで統率します。師団を複数合わせて軍団、軍団を複数合わせて方面軍……としていけば、巨大な軍隊を編制できます。

ナポレオンは一〇万人の兵士を統率できる将軍を元帥《げんすい》としました。元帥とは、ナポレオンの意を汲《く》み、代わりができる人間です。ナポレオンは七人の元帥を統率することで、七〇万人の兵を統率したのです。これが「命令戦法」です。

普仏戦争で決定的に変化した戦争形態

散兵戦術は、ナポレオン以前の軍隊では不可能でした。ヨーロッパの軍隊は、王が金で雇う傭兵から成り立っていました。常備軍の兵もその出自はさまざまで、無理矢理連れてきた場合もあるので、愛国心や忠誠心が低いのです。そのため、指揮官が現場で見張っていないと、兵士たちは逃げてしまいます。

これに対して、ナポレオン率いるフランス軍は、祖国を守るために戦う国民軍です。祖国がなくなれば、帰る場所がなくなりますから、逃げません。

さらに、ナポレオンの時代は大砲が発達しました。フランス以外の国は密集隊形を組み、軍楽隊に合わせて動いています。密集隊形とは、古代のローマ帝国を扱った映画によく出てきますが、重装歩兵が肩を寄せあって整列行進し、矢を防ぐときはいっせいに盾を上にかまえて全体が甲羅のようになるものです。逃亡者を防ぐ利点もあります。しかし、矢なら防げるかもしれませんが、大砲ではひとたまりもありません。

いっぽう、小回りがきくのが散兵戦術です。ナポレオンは三倍の速度で動けるようになったことで、三倍の敵を撃破することが可能になりました。

日本でこれを取り入れたのが、大村益次郎です。大村はナポレオンの考え出した師団や散兵戦術その他を日本で実行しようとしたのですが、道半ばで亡くなります。大村の遺志を継いだのが山県有朋です。そして桂は山県のもとで、日本陸軍創設に力を尽くすことになります。桂はフランスを倒したドイツにいち早く注目したのです。

ドイツ統一戦争はビスマルクが主導しましたが、ビスマルクは政治家であり、将軍ではありません。将軍に相当するのが、参謀総長モルトケ（大モルトケ）です。ナポレオンは政治家であり将軍でもありましたが、プロイセンではビスマルク（政治家）とモルトケ（軍人）によって、「政治」と「軍事」が分離しました。これは長州人にとって受け入れやすいシステムです。木戸孝允と大村益次郎の関係そのものだからです。そして号令戦法、命令戦法に対し、「訓令戦法」と呼ばれます。

ナポレオン・システムがマッキントッシュ誕生並の大改革だとすると、普仏戦争におけるビスマルクとモルトケの政軍分離システムは、ウィンドウズ95導入に匹敵するOS改革です。もっとわかりやすく言えば、固定電話（前近代戦法）→ガラケー（ナポレオン）→スマホ（ビスマルク＝モルトケ）となります。

政治と軍事の分離に加えて、軍事が二つに分離します。戦場で戦うための指揮命令である「軍令」と、それを後方で支援する「軍政」です。現在、世界中のプロのスポーツチームが、この方式で運営されています。現場で指揮する監督が軍令であり、編制などフロント業務を行なうゼネラルマネージャー（GM）が軍政です。

桂はこれを発見し、軍政を自分の専門にしようと留学先で研究に励みます。ドイツが勝利した秘訣はここにあるという目的意識を持って、学びに行ったわけです。そして、「大日本帝国のGM」になろうと志していました。

岩倉使節団の愚行

桂が留学中の明治六（一八七三）年二月、岩倉《いわくら》使節団（岩倉遣外使節団）がヨーロッパにやってきます。このとき、桂は通訳を兼ねて同行しています。

使節名に名を冠する岩倉具視《ともみ》はもちろん、大久保利通《おおくぼとしみち》、木戸孝允など明治政府の重鎮、のちに元老となる伊藤博文らが周遊しています。明治初期、まだ国政不安定な時期に日本の大黒柱である大久保が不在にしてよいのかと心配になります。

背景には、「どうしても外国を見たい」という、当時の日本人の切実な思いがありました。江戸時代を通じて、ほとんどの日本人は書物でしか外国を知りません。長崎・出島《でじま》の役人か、ジョン万次郎《まんじろう》のような人しか、外国との接触が持てませんでした。そのため、実際に自分の目で外の世界を見てみたいとの思いが、明治政府を担う政治家たちにも強かった。留学熱は、当時の有力者・知識人の多くが持つ傾向だったのです。

黒船の来航に、日本人はおびえるよりも、技術に感嘆しました。開国した今、その技術を生み出した国々が見られるのです。欧米の強国から文物《ぶんぶつ》を取り入れなければならないのは明らかでした。事業を進めるとき、外国を見ているかどうかで説得力が違ってきます。海外経験がなければ、「おまえ一度も行ったことがないのに何言っているんだ」と馬鹿にされたり、通らなかったりしたことは想像できます。

それが高じて、「イギリスでは」「フランスでは」「ドイツでは」と、舶来のものは何でも優れているかのように言う「出羽守＝『では』のかみ」が大量に出現しました。横のものを縦にする、つまり洋書を翻訳するだけで、日本の言論界・学術界に君臨するようになったのです。その最初が、岩倉使節団の参加者たちでした。

岩倉使節団は、総勢一〇〇人を超える大団体です。団員たちは帰国後、政治・経済の枢要、東京帝国大学をはじめとする高等教育機関に確固たる地位を占めていきます。一部ですが、団員たちのその後を記しておきます。

〈随行〉福地源一郎《ふくちげんいちろう》→元祖・御用ジャーナリスト／林董《はやしただす》→日英同盟を結んだ駐英公使／久米邦武《くめくにたけ》→「神道ハ祭天ノ古俗」論文を執筆／山田顕義→法相。日本大学創設者／佐佐木《ささき》高行《たかゆき》→天皇親政論者。宮中抵抗勢力の領袖《りょうしゅう》／長与恵斎《ながよせんさい》→内務省初代衛生局長を経て、元老院議官、貴族院議員

〈留学生〉（フランス留学）中江兆民《なかえちょうみん》→民権思想を鼓吹。妥協知らずの政治家／（ドイツ留学）平田東助《ひらたとうすけ》→山県有朋系の官僚として出世／（アメリカ留学）金子堅太郎《かねこけんたろう》→帝国憲法制定と日露戦争では活躍するも、枢密院で老害化／牧野伸顕《まきののぶあき》→内大臣。佞臣《ねいしん》ぶりがテロの標的となる／團琢磨《だんたくま》→三井財閥のドン。血盟団《けつめいだん》に暗殺される／津田梅子《つだうめこ》→津田塾女子大学

創始者。帰国時、日本語を忘れる／山川捨松《やまかわすてまつ》→女子教育に尽力。婚期を逃すも大山巌《おおやまいわお》と結婚／永井繁子《ながいしげこ》→帰国早々、瓜生外吉《うりゅうそときち》（のちに海軍大将）と結婚

絶望的なまでに玉石混淆《ぎょくせきこんこう》です。桂は、そんな「出羽守」たちとは違い、「わが日本においても、すみやかに兵制の改革を断行し、ドイツに倣《なら》って帝国陸軍の制度を設けなければならない。その目的を達するには、なお深くこの国の軍政を研究しよう」と考えて、まじめに勉強しました（徳富『公爵桂太郎伝』乾巻）。研究は三年半におよびますが、資金がなくなり、同年十一月に帰国します。

しかし、桂より短期間しかいなかった人は何を学んだのでしょうか。学問は一〇年たってはじめて、一生の研究対象が見つかるものです。連中は外国に滞在し洋書を翻訳するだけで、帰国したら特権階級になれました。しかも当初、帝国大学（現・東京大学）法学部の卒業生は無試験で高級官僚になることができました。その後も、特定の教授の名刺を持って面接に行けば、上位で合格させてもらえました（水谷三公『官僚の風貌』）。

こうした風潮に義憤を感じ、官僚養成専門学校と化した東大に対抗する真の学問の府を打ち立てようと、京都帝国大学を創設したのが西園寺公望です。ところが、京大は瞬《また》く間に

建学の精神を忘れ、「公務員試験の合格者数で東大に張り合う」という愚かな目標を立てて惨敗するのです（潮木守一『京都帝国大学の挑戦』）。

明治日本は日露戦争勝利の栄光に向けて坂道を上り始めたのですが、同時に昭和の破滅への落とし穴をみずから掘り始めてもいたのです。

木戸孝允にたかり、山県有朋に取り入る

桂が岩倉使節団と共に帰国した明治六（一八七三）年には、帰国した大久保たちが留守政府組と対立して、西郷らを追い落とす政変が起きています。これには、桂は何の関係もしていません。まだまだ日本の運命とかかわる立場にありませんでした。

桂はせっかく入学した横浜語学所を退学して私費留学したり、留学してもお金がなくなると帰国したり、行き当たりばったりのように見えますが、「人たらし」ですから、何とかしてしまいます。

東京に家がないために木戸の家に泊めてもらい、就職の斡旋《あっせん》までしてもらいます。木戸宅でも大きな顔をしていたようで、桂の同時代人で「政界の黒幕」と呼ばれた杉山茂丸《すぎやましげまる》によれば、「この居候は、三杯目にはそっと出すようなしおらしいのではない、人の家を自分の物

のように振舞って、盛んに泰平楽《たいへいらく》をならべ、書生らを相手にベルリンやパリの講釈を、輪に輪をかけて説き聞かしていた」ようです（杉山茂丸『桂大将伝』）。

就職は、明治七（一八七四）年一月に陸軍歩兵大尉に任官します。自伝では、任官当日に陸軍卿・山県有朋から「大尉は不満だろうけれど、初任は大尉以上としないことという規定であるから」と言われ、「秩序を守るのは当然である、むしろなぜ少尉に任じなかったのか」と答えたなどと格好いいことを書いています（『桂太郎自伝』）。

いっぽう杉山は、桂は内心は渋々《しぶしぶ》辞令を拝受したと推測していますし、「かつて公は奥羽《おうう》鎮撫使《ちんぶし》の参謀副役《さんぼうそえやく》であった。当時の同僚たる参謀は、皆陸軍少将である。順通りに行ったら、少なくとも陸軍大佐でしかるべきである。殊《こと》にドイツの兵学を研究してきた新知識であるから、黙って大佐であるべきに、わずかに大尉に任じられたのは、公としてはたして満足であったろうか」と記しています（杉山『桂大将伝』）。

本当のところはわかりませんが、「同輩の下級に屈従することを喜ぶとは、常識においても信じられない」という杉山のほうが、説得力があるような気がします。とはいえ、不満だったにしても、それを見せなかった点が大事です。たとえ嘘でも、建前《たてまえ》と綺麗事《きれいごと》で山県の感激と信頼を得ているからです。

なぜ日清戦争は明治二十七年なのか

陸軍卿・山県の頭にあったのは大村益次郎が学んだナポレオンの国民軍であり、その実現のために、明治六（一八七三）年一月に徴兵令を定めました。

桂は時代の変化を認識しており、大村・山県の考えるナポレオン型をさらに最新の知識でアップデートし、ビスマルク・モルトケ型の政軍関係をつくろうとします。ちなみに、ドイツのビスマルクとモルトケを日本の元勲《げんくん》に当てはめるなら、伊藤がビスマルクで山県がモルトケです。

のちに山県は総理大臣となり、元老として政官界に君臨したため、軍人のイメージが薄いかもしれませんが、山県はもともと陸軍軍人であり、政治家として活躍するのは意外と遅いのです。内務卿として陸軍以外の職に就《つ》いたのは明治十六（一八八三）年であり、すでに政権を切り盛りしていた伊藤博文や井上馨と比べても後発の領袖なのです。

この明治六年は、近代日本の軍制元年と考えていいでしょう。そして、最初の本格的対外戦争が明治二十七（一八九四）年に起こった日清戦争です。この年号は偶然ではありません。日清戦争の約一〇年以上前の明治十五（一八八二）年の壬午《じんご》事変、同十七年の甲申《こうしん》事変も清国と戦争になる可能性は十分にありました。しかし、このときは外交的に処理しています。まだ戦える軍隊ではなかったからです。

戦える軍隊は一朝一夕にはできません。二〇～三〇年はかかります。参考のため、以下に陸軍軍人の統率規模と、その在任期間を挙げておきます。国によって異なりますし、また誰でもこの通り昇進していくわけではありませんが、おおよその目安としてください。

陸軍士官の階級と統率規模

少尉：幹部候補生。率いるのは小隊（三〇～六〇人）以下の単位
中尉：少尉から三年。率いるのは小隊
大尉：中尉から五年。率いるのは中隊（＝数個小隊）
少佐：大尉から六年。率いるのは大隊（＝数個中隊）
中佐：少佐から三～五年。率いるのは連隊（＝数個大隊。約一五〇〇人）
大佐：中佐から三～五年。率いるのは旅団（＝数個連隊。約五〇〇〇人）
少将：大佐から六年。率いるのは師団（＝数個旅団。一万人以上）
中将：少将から一握り。率いるのは軍団（＝複数の師団）

大将：中将から一握り。率いるのは方面軍（＝複数の軍団）
元帥：終身現役

少尉から大佐になるまで単純計算かつ最速で二〇年かかります。少尉になるにも養成期間が必要ですし、大佐から少将（師団長）になるまでに六年ですから、師団長の養成には約三〇年かかる計算になります。明治二十七年時点で、日本陸軍は創設から約二〇年ですが、戊辰戦争の生き残りが横滑りし、桂のように大尉から任官する者もありますから、何とか形になったころです。

ちなみに、規定がしっかりする前にはスピード出世がありました。『世界人物逸話大事典』（朝倉治彦・三浦一郎編）によると「廃藩置県の発令は明治四年七月である。大山弥助《やすけ》（巌）は、その三か月前に兵部権大丞《ひょうぶごんのだいじょう》になり、半月後に大佐に、と思う間もなく、二週間後に少将になった」そうです。「こんな目まぐるしい進級は空前絶後」ともあり、普通のことではなかったようですが。

さて、軍隊とは政治家が決めたことを末端まで下ろしていく組織です。そして、戦略には次のような階層があります。

大戦略（誰と戦うかの判断）→戦略（どこを攻めるかの判断）→作戦術（複数の戦闘に勝ち、戦略につなげる方法）→戦術（個々の戦闘に勝つ手段）

これらは段階を経て、下りていきます。それらを理解して一万人の兵士を統率する意思を持った人間である師団長を養成しなければならない。これが、桂が考えたことです。さらに言えば、日本陸軍は平時二万七〇〇〇人規模で中将が指揮します。他の国よりも急いで軍隊を育成しなければならないと考えたから、このような編制にしたのです。

このように、明治二十七年は建軍から二〇年以上経過しており、戦える軍隊になったと考えて、日清戦争を決断したわけです。

ふたたびヨーロッパへ

桂は任官まもなくの明治七（一八七四）年二月、参謀局設置を建議し、六月には陸軍参謀局条例を定めています（宇野『桂太郎』）。

この年は私生活にも変化が生じます。八月に母喜代子《きよこ》が亡くなり、萩に帰郷するのですが、そのときに野田歌子《のだうたこ》と結婚します。離婚歴のある女性でした（徳富『公爵桂太郎伝』坤巻）。

当時、明治六年の政変に敗れた征韓派が反政府の動きを強めており、二月には佐賀の乱が起こっています。長州にも前原一誠ら政府に批判的な士族層がいたため、桂は母親の死去で帰郷した折、前原ら不穏分子の動向を探っています（宇野『桂太郎』）。

明治八（一八七五）年、桂はドイツ公使館附武官に任命されます。そもそも公使館附武官の派遣そのものが桂の提案でした。駐在武官制度はすでにヨーロッパ各国にありましたし、桂の主張の「ヨーロッパの軍制や軍事事情を研究するために一定のキャリアをもつ軍人を派遣する必要がある」（宇野『桂太郎』）は正論です。

これは、事実上の留学です。先のドイツ滞在で基礎理論を学んでいたので、今度は実務から入り、軍事行政に関する調査・研究に没頭しました。現状は軍事行政と軍令との区別が曖昧《あいまい》なので、軍事行政の模範を示し、今の日本に何ができるか、将来の陸軍をどうしようかなどの意見を試み、陸軍に対して軍事行政、中央機関、監督部の組織、その他軍事地方行政にかかわる意見などを報告しました（徳富『公爵桂太郎伝』乾巻）。

また、法律・経済についての知識も不可欠であるとして、ベルリン大学で法律・経済一般についての講義を聞いています。

ドイツ滞在時のエピソードを紹介します（いずれも徳富『公爵桂太郎伝』乾巻）。

勉強熱心な桂でしたが、文章が得意ではないため、書記のような人間を連れてきて自分が調べたものを起草させるなど、ずぼらなところもありました。また、当時評判になっていたシュタインの『軍事行政論』を買っても難しくて読めず、駐独公使の青木周蔵《あおきしゅうぞう》に助けを求め、一緒に読んでもらっています。

シュタインとは、のちに伊藤博文が大日本帝国憲法起草にあたって調査のために訪欧した際に決定的なアドバイスを授けた、ウィーンの法学者ローレンツ・フォン・シュタインです。伊藤はシュタインの話を聞いて開眼し、帝国憲法を生み出すのです。詳しくは小著『帝国憲法物語』をご参照ください。

その後、日本の要人はシュタインを訪れることが常となったため「シュタイン詣で」という言葉ができました。桂の留学当時はまだ「シュタイン詣で」はありませんから、桂は日本人でシュタインの著作を読んだ最初期の人かもしれません。

桂は、とりわけモルトケと誼《よしみ》を通じています。「ビスマルクに招かれて、面会したようだが、ビスマルクと親しく意見を交わしたことはなかったようだ。しかし、モルトケ将軍から軍略、軍政などの意見を聞いていた。モルトケ将軍は桂公を愛し、特に桂公のため自分の副官に命じて、さまざまな便宜をはかった」と人たらしぶりを発揮しています（傍点は原文ママ）。

桂は、ウンター・デン・リンデン街の裏町のティーアガルテンに近いところに住みました。「これは参謀本部がティーアガルテン付近にあるから、便利だったから移ったのだろう。公園付近にはモルトケ将軍の邸宅があり、朝早く公園を散歩すればモルトケ将軍が散歩していることがあった」となっていますが、ティーアガルテン付近に引っ越したのは、参謀本部に近かったからなのか、モルトケ宅に近かったからなのかは不明です。

さらに、桂の下宿に青木周蔵が訪ねてきて、青木がエリーザベト嬢と相思相愛になり、桂が月下氷人《げつかひょうじん》（仲人）となって結婚したというラブ・ロマンスもありました。青木は桂よりも四歳年上ですから、年下が仲人をしたことになります。ドイツですから、日本人が少なくて、そういうことになったのかもしれません。

「陸軍は政府の害になる」

重要なことは、桂が教養教育、紳士教育を大事にしていることです。軍政をきちんと行なうためにも、軍事情報だけではなく、法律や経済を一生懸命に学んで理解しようとしています。これが、ドイツかぶれの大正・昭和期の軍人たちと決定的に違うところです。

明治八（一八七五）年八月二十五日の木戸孝允あての書簡によると「陸軍は政府人民を保護するものであって、平時にはほとんど無用のものであるばかりでなく、兵政が悪ければ、かえって政府の害になることは欧州各国の歴史上にも明らかである。それを避けるためには、政府に対し陸軍がどういうもので、陸軍に対し政府はどうあるべきかを明らかにし、共にその国家を守る良い方法を見つけることが急務である。具体的には、Heerwesen（軍事、兵制）とHeeresverwaltung（兵の維持、軍事会計も含む軍事行政）を調《ととの》えることにある」としています（千葉功編『桂太郎発書翰集』）。

この、政治と軍事の関連性を重視する言葉からは、戦時宰相・桂太郎の萌芽《ほうが》を見ることができます。

カール・フォン・クラウゼヴィッツの有名なテーゼがあります。いわく「戦争は軍隊だけでは勝てない。政府・国民・軍隊の三位一体で戦わなければならない」。クラウゼヴィッツの『戦争論』は、モルトケ以下ドイツ軍人必読の書でした。のちの桂はこのテーゼを体現しています。桂は、戦争は軍隊だけで遂行するものではないと学んでいたのです。

明治九（一八七六）年十月、不平士族の反乱である萩の乱が起こります。首謀者・前原一誠はとらえられ、斬首となりました。桂のもとにもこの知らせは届きましたが、前原を愚か者ととらえています。「無知な士族先生らには耐えがたい」と品川弥二郎《しながわやじろう》に書簡を送っています（千葉『桂太郎発書翰集』）。

品川はドイツに滞在していた留学生仲間で、同年に帰国しています。長州藩出身で、功山寺決起にも参加。のちに第一次松方《まつかた》（正義《まさよし》）内閣で内相を務め、明治二十五（一八九二）年の第二回総選挙で大規模な選挙干渉を行なったことで知られています。

明治十（一八七七）年二月、ついに最後の士族の反乱である西南戦争が起こります。このとき桂は、山県有朋に帰るべきかどうか電報で問い合わせています。国が危機的情況にあるときに留学などしていていいのかという意識があったのです。ちなみに、幕末の四国連合艦隊による下関砲撃事件（馬関戦争）のとき、海外にいた伊藤博文や井上馨たちは帰国しています。山県は「帰らなくていい」と返電し、桂は研究を続けました。

参謀本部設置を建議

明治十一（一八七八）年五月、大久保利通が東京・紀尾井《きおい》町で暗殺されます。西南戦争では帰国しなかった桂ですが、大久保の死では、渡欧中の井上馨に同行して帰国します。この違いは何でしょうか。

薩摩閥では西南戦争で西郷隆盛が、そして今回、大久保が消えました。いっぽう長州閥は、高杉晋作、大村益次郎はすでに亡く、木戸孝允も西南戦争の最中に病没しています。維新を担った大物たちが、ことごとく姿を消したことになります。

また、萩の乱を起こした前原一誠とその一党は反主流派でしたが、西南戦争の西郷は薩摩の主流派を引き連れて三途《さんず》の川を渡ってしまいました。薩摩閥には次世代の有望株も含め、人材が根こそぎいなくなってしまったのです。対して、長州閥は有能な実力者が生き残っており、伊藤博文・井上馨・山県有朋の時代になります。

晩年の大久保はほとんど独裁者でした。今も昔も、大久保より西郷のほうが圧倒的に人気があるため、西南戦争および西郷の死のほうが大事件であるかのような錯覚を起こしがちですが、隠遁《いんとん》していた西郷が死んだことより、最高実力者の大久保が暗殺されたことのほうが、国政にとっては重大な変化です。

独裁者亡きあと、伊藤・井上は、大隈重信《おおくましげのぶ》を担《かつ》いで三頭政治を始めます。連立政権のような状態です。のちに伊藤・井上・山県は実力派元老になっていきますが、当時の事実上の首班は大隈です。大隈は実務能力はありますが、肥前《ひぜん》藩出身で有力政治家とは言えません。日本の政治は、不安定この上ない状況でした（のちの明治十四年の政変で大隈は罷免《ひめん》され、伊藤が首班になります）。

このような状況下、桂は明治十一（一八七八）年に帰国し、参謀局に勤務します。ドイツの参謀本部を直《じか》に見てきた桂は、本格的な参謀本部を設置するよう建議しています。自伝によれば、これまでの「参謀局」は陸軍省に属していましたが、「参謀本部」は陸軍省から分かれて天皇の直轄となり、軍事行政は政府の範囲に属するという空気になりました。しかし、その中身が理解されておらず、どのような方法・どのような組織という考えなしに形式が先行していました。結局、軍事命令は天皇の直轄ということになり、同年十二月に参謀本部が設置されました。

桂の本来の計画は「軍事行政を整頓し、その残余の事務が純然たる参謀本部の事務」であると考え、「全体の意向」には反対だったのですが、多勢に無勢、「田を往《い》くも畦《あぜ》を往くも同じ道理なり」と、参謀本部内部にあってできることをしていくしかありませんでした（『桂太郎自伝』）。

中身を考えずに組織いじりをしたわけで、きちんと勉強していた桂は冷《さ》めていました。

川上操六との出会い

参謀本部の設置後、桂は参謀本部管西局長に就任しています。そして、翌明治十二（一八七九）年七・十月には清国情勢を視察しますが、これは対清戦争を想定してのことです。

明治十五（一八八二）年七月、壬午事変が起こります。朝鮮政治において実権を握っていた日本派を、清国派が追い出し、日本公使館を襲撃した事件です。予測していたこととはいえ、清国との対立が表面化したわけです。世論は激昂《げきこう》し、開戦論が叫ばれますが、まだ戦争のできる軍隊が完成していません。清国も戦争はしたくなかったので清国派を引かせ、日本派を政権に復帰させせました。

事件は解決しましたが、日本にとって陸軍を拡張し、その組織を完成させることが焦眉《しょうび》の急であることは明らかです。三年後の明治十八（一八八五）年に六鎮台を六師団に編制し直す計画が立てられます。桂は、次のように提言します。

「今いる軍人が昇進して将来の指揮官となるのは当然であるが、古参の将校は実地の経験が豊富でも学理上の知識を欠き、士官学校出身の青年将校は学理には通じていても実地の研究に乏《とぼ》しいので、将来の将官となるべき人物を選抜してドイツ・フランスに派遣し、大部隊の演習を見、大部隊を指揮する知識を研磨させる必要がある」と（『桂太郎自伝』）。

この提案は受け入れられ、明治十七（一八八四）年一月、大山巌陸軍卿率いる一四人の将校団が約一年の欧米視察旅行に出ることとなります。そのなかには、ちゃっかり桂も入っています。

またしても、自分で提案して自分で行っている。さすがに厚かましいと思ったのか「自分は行く必要はないと思ったが、自分の案を拡張して、陸軍卿みずから渡航することになったので、自分もまた随行しなければならなくなった」などと自伝に書いています。

視察団一行のひとりに川上操六《かわかみそうろく》がいました。大山は、次世代のトップは長州の桂、薩摩の川上と見ていました。しかし、川上は「実地」の人・桂は「学理」の人であり、正反対ゆえに衝突することを案じ、両名の融和をはかります。そして、二人は「子（あなた＝川上）は軍事を担当せよ。われは軍事行政を担当せん」と誓い合い、視察旅行中は船でも陸でも同じ部屋に宿泊し「たがいに長短を補う益友《えきゆう》」となったのです（『桂太郎自伝』）。

しかし、川上は明治三十二（一八九九）年に五二歳で亡くなりますので、日清戦争は担当しましたが、日露戦争のときには泉下《せんか》の人となっていました。

明治十八（一八八五）年一月、桂ら一行は帰国し、五月には桂・川上両名そろって陸軍少将に昇進し、桂は陸軍省総務局長に、川上は参謀本部次長に就任します。このとき、陸軍省は薩摩の大山陸軍卿と長州の桂、参謀本部は長州の山県参謀本部長と薩摩の川上となっており、のちのような「陸の長州、海の薩摩」ではなく、薩摩・長州は融和していました。

また、これまで理論派の桂は何かと孤軍奮闘していましたが、このころには陸軍の雰囲気が変わり、「学理の必要という風気《ふうき》」が上がってきたことを喜んでいます（『桂太郎自伝』）。

ところで、大山視察団がもっとも長い七〇日間を滞在したドイツでは、日本の陸軍大学校の教官として、ドイツ側に選任を申し入れています。そして、モルトケの推薦もあって、参謀将校メッケル少佐が明治十八（一八八五）年三月に来日し、参謀本部顧問として軍制改革を指導、陸軍大学校教師としてドイツ式兵制の導入に尽力します。

鎮台から師団への改編、参謀本部条例、徴兵制度の整備などはメッケルが立案し、桂が実行に移したものです。

軟弱外交と非難されて

桂がヨーロッパ滞在中の明治十七（一八八四）年十二月四日、甲申事変が起きます。

先の壬午事変のときの「日本派」は、清国が政権に戻してくれたので、清国にすり寄るようになりました。もはや「日本派」ではないので、「親清派」とします。清国はますます朝鮮の政治・外交に干渉するようになり、清国の影響力が増すことになりました。そこで、日本と通じた改革派が親清派を排除しようとクーデタが起こりました。これが甲申事変です。しかし、清軍の介入により粉砕されます。

清・朝鮮両国兵、そして朝鮮民衆は日本人居留民を殺害したり、掠奪したり、公使館を焼き払うなどしました。改革派も殺されたり、国外に逃げたりしなければなりませんでした。日本の世論はこのときも開戦論で沸《わ》き立ち、自由民権派も主戦論を唱えます。

ちなみに、自由民権派は「自由」と「民権」を唱えていただけではありません。字面《じづら》を見ると左翼のようですが、すぐに「戦争だー」と煽る危険分子です。「自由」と「民権」にしても、貧乏人など眼中にありません。地主や金持ちの利益代表です。詳細は、小著『世界一わかりやすい日本憲政史　明治自由民権激闘編』をご参照ください。

自由民権派が何と言おうと、できないものはできません。日本も清国も駐留軍を撤兵させることで手を打ちました。

桂は明治十八（一八八五）年二月二十五日、駐独公使の青木周蔵に政府方針を激しく非難する、次のような書簡を送っています。「日本は大腐《おおくさ》りに腐ったぞよ。僕も今日まではこんなに腐っていようとは思わなかった。このまま日本は太平で千万年維持できると思うだろうか。……三十万人の兵を動員すべきだ。日本を維持する方法は他にはない」(千葉『桂太郎発書翰集』)。もっとも、どこまで本気なのかわかりません。不可能であることは、桂自身がよくわかっているはずです。

甲申事変もまた、外交決着となりました。自由民権派は軟弱外交と非難しました。桂は屈辱に耐えながら、戦える軍隊をつくるべく地道に仕事をします。

歌子の祟《たた》り

明治十九(一八八六)年三月、桂は陸軍次官に昇格し、大山巖大臣のもとで軍制改革に着手します。官僚として着実に仕事をしていることがうかがわれます。ちなみに、前年十二月には内閣制度が創設され、第一次伊藤(博文)内閣が成立しています。

この間、桂は妻・歌子と死別し、歌子の兄嫁で寡婦となっていた貞子《ていこ》と再婚しています。貞子は敬虔《けいけん》なキリスト教徒でした。これに関して、のちに桂の愛妾《あいしょう》となるお鯉《こい》(本名・安《あん》藤照《どうてる》。写真)が記した『続お鯉物語』に掲載されているエピソードを要約して紹介します。

——桂は晩年、病《やまい》に倒れます。追い打ちをかけるように長男・與一《よいち》に先立たれ、気落ちした桂は、亡き妻・歌子の祟りを疑うのです。桂家では、歌子が患《わずら》ってから、貞子が看護や家事いっさいをしました。親類の間では、貞子にそのまま後妻に入ってもらったほうがいいだろうという話が出ます。悪いことに、それが歌子本人の耳に入ってしまった。歌子は死の数日前、「自分が死んだあとでも、けっして兄嫁の貞子を娶ってくれるな」としきりに言います。そのとき、桂は貞子を後妻にするつもりはなかったので、気軽に約束しました。しかし結局、親類に言われるままに貞子を後妻に迎えたところ、桂の子どもたちが次々に悲劇に見舞われたというのです。桂は嘆《なげ》きます。

「姉の蝶子《ちょうこ》は怪我がもとで長らくの病人、妹の茂子《しげこ》は未亡人になったうえに勘当、こんどは與一が俺を残して早世、悪いことばかりじゃ。後妻にした貞子も、四年目に死んだ。これは桂の家に祟っている者があるに違いない」

桂の愛妾・お鯉《こい》

芸者時代と思われる

お鯉は桂に頼まれて、寺に行くと僧をともなって墓参します。そして、二人の夫人の供《く》養《よう》を営《いとな》み、冥福を祈りました。しかし、桂の病気は回復せず、息子・與一の死の四カ月後に亡くなります。――

大変に気の毒な話ですが、祟り方が変で

す。貞子が呪《のろ》い殺されたのはわかりますが、蝶子・茂子・輿一はいずれも歌子の子です。貞子にも一男一女いるのですから、そちらに祟るのならわかりますが、自分の子どもを不幸にするとは考えにくい。そもそも、供養を妾にさせるのも現代人の私には理解できません。

警察と軍隊の違い

私は講義などで「自衛隊はものすごい武器を持った警察であって、軍隊ではない」と断言しています。ご説明しましょう。

警察には、仕事が二つしかありません。捜査と逮捕です。それ以外のことをしてはいけません。警察官職務執行法その他にはいろいろと書いてありますが、この二つとそれに付随するもの以外に仕事はありません。

捜査も逮捕も、「無実かもしれない国民」の権利を侵害することであり、現場の判断で勝手なことをしてはいけません。危険人物が暴力を振るってきても、「警察比例の原則」により、相手より一段上の武器でしか戦えません。つまり、相手が素手《すで》なら警棒で立ち向かい、武器を持っていたら拳銃を使ってもいい（かもしれない）。

一言でまとめると、警察の仕事は治安維持です。

対して、軍隊はまったく異なる行動原理で動きます。相手は「無実かもしれない国民」ではなく「敵」です。遠慮していたら、戦闘・戦争に負け、国が滅びてしまいます。「言われたこと以外にやるな」と軍人を雁字搦《がんじがら》めにしていたら、まず負けます。相手も条件が同じなら、勝てるかもしれませんが、そんな国はありません。

ですから、警察は「ポジティブリスト」に従って許可されたことだけを行ないますが、軍隊は「ネガティブリスト」に従って禁止されたこと以外はやっていいことになっています。この「ネガティブリスト」は独立して行動ができる（「軍隊の自己完結性」）。言い換えれば、軍隊が軍隊たりうる法的な裏づけです。この点で、自衛隊の法体系は警察型ですから、法的に明らかに軍隊ではないわけです。

また、物質的な自己完結性も重要です。諸事情により、上部からの命令が届かないこともあります。そんな状況でも独立して行動するためには、それだけのヒト・モノ・カネが必要です。それがない自衛隊は自己完結できません。

東日本大震災のときにも、政府に命令されたことだけを行ない、物資を調達するためにコンビニに走っていました。これは軍隊のすることではありません。津波は時間がたてばひいていきますが、戦場では敵は弾を撃つのをやめてくれません。

つまり、わが国の自衛隊には、法的にも物質的にも軍隊に必要な自己完結性がないのです。別な言い方をすれば、警察は政府がなくなったら何もできないし、してはいけません。いっぽう、軍隊は政府がなくても動けなければなりません。

また、政府の命令がなくても動ける軍隊の独立性は、一歩まちがえるとクーデタを起こす能力になりえます。だからこそ、日ごろから軍隊が国家に対して忠誠を誓うように規律を保たなければならないのです。

欧米では、「政軍関係（civil-military relations）」という独立した学問になっており、これこそ桂が学んできたものです。

明治二十一（一八八八）年、師団司令部条例が公布され、鎮台が師団に改編されました。師団は戦闘・戦闘支援・兵站《へいたん》の機能を持ち、独立した作戦行動を取ることができます。建軍から一五年、ようやく日本は戦争をできる準備が整ったわけです。

第二章

陸軍・長州閥の寵児

――陸軍大臣就任と政界工作

陸軍大臣時代の桂（52歳頃）。陸軍の正装を着用

最強の拒否権集団・衆議院

明治二十二（一八八九）年十二月、第一次山県有朋内閣が成立します。桂の直接の上司である山県が総理大臣になったわけで、桂もいよいよ国政にかかわるようになります。陸軍省の官制改革も並行して進めます。翌年三月には、陸軍省内に軍務局を新設し、桂が陸軍次官兼任のまま、初代局長となります。

このころ、私生活にも変化がありました。先妻の歌子に祟られた（？）貞子夫人が亡くなります。ちなみに、「貞子」は当時の女性の名に多かったようで、山県有朋夫人、原敬夫人も貞子です。女性は貞淑《ていしゆく》であることが望まれたのでしょう。ただ、原敬夫人の場合、名は体《たい》を表さなかったようで、浮気性でした。また、『続お鯉物語』によれば、山県夫人の貞子は気の強い人で、山県はいつもタジタジだったようです。

国際情勢はビスマルク体制下（35ページの図4の四段目）にありますが、国内政局は変化していません。このころになると、元老・その他藩閥・衆議院三者の対立・協力関係で政治が動くようになりました（図5）。

元老に法的根拠はありませんが、事実上の総理大臣決定機関です。明治中期には、伊藤博文・山県有朋・井上馨・黒田清隆《くろだきよたか》・西郷従道・大山巌・松方正義の七人が「元老」として扱われていました。のちに桂太郎と西園寺公望が加わります。公家《くげ》の西園寺を除いて、全員が薩長閥です。

衆議院は国民による選挙で選ばれる唯一の機関ですが、最大勢力は自由民権派であり、常に過半数を占めたのが、板垣退助《いたがきたいすけ》率いる立憲自由党《りつけんじゆうとう》（以下、自由党）と大隈重信の立憲改進党《りつけんかいしんとう》（以下、改進党）です。板垣も大隈も元はと言えば、権力闘争に敗れた人たちです。土佐《とさ》藩出身の板垣は明治六年の政変で、肥前藩出身の大隈は明治十四年の政変で政府を追われました。言うならば、薩長土肥《さつちょうどひ》における土肥が負け惜しみで団体をつくったら、それ以外のあぶれ者もついてきて成立した集団が自由民権派です。薩長閥でない有力者が、政権に入れないから野党化して騒いでいるわけです。当然、子分たちも土佐をはじめ、薩長以外の者が多い。これについても小著『世界一わかりやすい日本憲政史』をどうぞ。

いっぽう、官僚機構は薩長が牛耳っています。薩摩と長州はそれぞれが派閥ですし、官僚機構にも省間の

図5 大日本帝国憲法制定時の国内情勢（1889年）

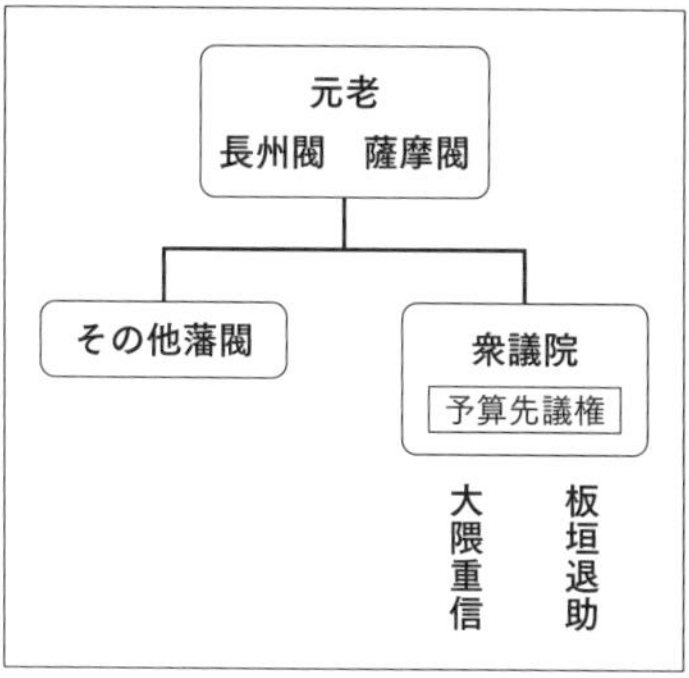

対立があります。彼らもけっして一枚岩ではありませんが、衆議院だけが異質です。このように、明治憲政史は、藩閥官僚を支配する元老に、衆議院が拒否権を行使する対立構造で始まりました。

ところで、学校その他で「明治憲法は非民主的で、選挙で選ばれるのは衆議院だけ。しかも衆議院には予算先議権しかなかった」と聞かされてきていないでしょうか。

確かに「選挙で選ばれるのは衆議院だけ」で「唯一の権限が予算先議権」、これは事実です。貴族院は世襲か、政府の任命か、華族どうしの互選ですから、国民からは選ばれません。しかし、その衆議院が持つ唯一の権限である予算先議権こそ、最強の権限です。なぜなら、予算が決まらないと国が麻痺《まひ》してしまうからです。もちろん、貴族院も予算について審議しますが、衆議院が認めないと貴族院に修正権はありませんし、貴族院が修正した予算も衆議院が認めないと通りません。

この時代、総理大臣は薩長どちらかの元老です。予算先議権以外のすべての権限を持ち、官僚や軍の思惑《おもわく》を調整しながら予算案もつくりました。

しかし、予算は国家の意思です。これが否決されると政治ができません。貴族院は、政府側の〝仲間〟も大勢いて調整や工作がしやすいですから、大きな障害となって立ちはだかることはありません。しかし、衆議院に議員を送り込んでいる自由民権派は先に述べた通り、もともとは政敵です。おとなしく「はい、そうですか」と、予算や法案を通してくれる連中ではないのです。

政府寄りの政党もあるにはあるのですが、選挙を何度行なっても衆議院で多数を占めたのは、板垣と大隈の系列につながる自由民権派の人たちでした。薩長藩閥政府に抗して、喜び勇んで拒否権を行使します。予算先議権は予算決定権であり、政権に対する強力な拒否権です。政府は毎年これに苦しめられました。帝国憲法は日本国憲法と異なり、最悪の場合は前年度予算を使えるのですが、それはあくまで「最悪の場合」だけです。

第一回議会と桂の裏工作

明治政府は維新以来、「藩閥政府」「有司専制」などと言われながらも、「富国強兵」に邁進してきました。

これに対して、自由民権派は二つのスローガンを掲げます。「地租軽減」と「対外強硬」です。明治維新の目的は、外国の侵略に対抗することでした。自由民権派も「富国強兵」の「強兵」には、基本的に反対しません。むしろ、外国に対して強気に出るよう、主張します。

実際、壬午・甲申事変のときも強硬論でした。逆に、いわゆる鹿鳴館《ろくめいかん》外交には不満です。「強兵」には、お金が必要です。「殖産興業」で「富国」を目指さなければならないはずですが、「地租軽減」を唱えるのです。矛盾《むじゅん》した主張です。

日本はただでさえ貧乏なのに、不平等条約を結ばされて、関税収入がありません。やっと産業を興《おこ》して、なけなしの金を軍隊につぎ込んでいました。政府が増税したい・しなければならないときに、民権派は「税金をまけろ」ですから、「では、どうすればいいんだ」と言いたいところです。しかし、選挙では民権派に勝てません。

さきほど、最悪の場合は前年度予算執行という方法があると述べましたが、第一回議会では前年度予算がないため、この方法は使えません。ここで予算が通らなければ、伊藤博文の『憲法義解《けんぽうぎげ》』に言葉を借りれば、「よくて政府機能の麻痺、悪ければ国家の崩壊」です。それを避けるには、いきなり憲法を停止するしかなくなります。

明治二十三（一八九〇）年、首相の山県有朋は議員の買収を画策します。具体的には、板垣・自由党の主流である土佐派議員の買収ですが、その工作員が桂でした。

陸軍次官兼軍務局長である桂はこの間、政府委員にも任命されており、委員のなかでは、白根専一《しらねせんいち》内務次官に次いで評判が良かったそうです（千葉『桂太郎』）。しかし、桂の真骨頂は、このような表の活躍ではなく、山県の工作員としての裏の活動にあります。他にも、衆議院予算委員会の予算査定方針が陸軍関係費の削減と聞くと、審査を担当する議員を自宅に招き、粘《ねば》り強く説得しました（千葉『桂太郎』）。

このときの陸軍大臣は大山巌ですが、大山は大臣になっても薩摩弁丸出しで、他の地方出身の閣僚や将軍は何を言っているのかわからなかったそうです（朝倉・三浦『世界人物逸話大事典』）。言葉が通じなくては工作などできません。余談ですが、その大山が得意の英語を話すと、周囲の印象は一変しました。夫人の捨松とは流暢《りゅうちょう》な英語で話していたそうです。

山県にしても、自分とほぼ同格の大山よりも、気心の知れた後輩・桂のほうが使い勝手がいい。ましてや、買収という秘密の共有は派閥が違ってはできません。

もちろん「桂が買収した」とは、どこにも書いてありません。しかし、主要な政治家と接触し、交渉・説得にあたっていることは事実ですから、桂が工作員として活躍したことは十分に推測できます。

結局、桂の手腕によって、陸軍予算の削減は、他の省庁より少ない三〇万円にとどまりました（川原『桂太郎　三代宰相列伝』）。買収と言っても、ただ金を出せばいいというものではありません。交渉術や粘りが必要です。ニコポン桂には、うってつけでした。

山県は第一回予算案を通すだけで疲れはて、翌年四月に総辞職してしまいます。

ここで、予算がどのように決まるのか、現代と異なる点を説明します。まず大蔵省（現・財務省）主計局が各役所と折衝しながら予算案をつくり、閣議決定して「予算」になります。その「予算」を議会に提出——と、ここまでは戦前も戦後も同じです。しかし、ここからが大きく違います。戦前は衆議院が拒否権を行使して否決しますが、戦後は一円たりとも修正されないことがほとんどです。

前述のように、予算は国家の意思であり、予算作成は形式的には今も昔も政府です。しかし、戦前は実質的に議会が決めていた。議会の承認がなければ予算は通りません。そして、議会はなかなか承認しないことが多かったので、工作の必要があったのです。

いっぽう、戦後は財務省に逆らえる政治家などいません。ですから、現在の財務省を戦前の大蔵省に投影することはできません。官僚がつくった予算は、衆議院の政治家に否決される。これが明治憲政史の日常茶飯事だったのです。このことを念頭に置くと、桂の交渉・工作の重要性がわかると思います。

泣きたくなるような薩摩閥の人材難

長州閥の山県が首相を辞任したので、次の首相は薩摩閥からとなります。明治二十四（一八九一）年五月、松方正義による第一次松方内閣です。

元老である伊藤博文、山県有朋、井上馨、黒田清隆、松方正義、西郷従道、大山巌のうち、大山と西郷は軍事担当で政治には口を出しません。西郷は何度も総理大臣に推《お》され、本人が承諾すれば首相になれた人ですが、「兄・隆盛が逆賊となったから」と常に遠慮していました。単に面倒くさくて、兄を口実に使っていただけかもしれませんが。

従道は隆盛と同様に豪快な人でした。ひとつエピソードを紹介しましょう。

薩摩閥の黒田清隆は酒乱で有名であり、酔った黒田の前に出る者はいませんでした。しかし、西郷は腕力が強く、酔った黒田に相撲を挑《いど》まれても毎回勝ち、いつしか「酒後の黒田が相手には西郷を差し向ければ訳なし」と言われるようになりました。これが面白くない黒田は、仕返しを考えていました。あるとき、黒田は名刀を披露する酒宴を開き、酔った勢いで「試し斬りに慎吾《しんご》（従道）が首をもらうぞ」と振りかざしました。すると、西郷は進み出て、首を差しのべました。一同騒然。しかし、黒田は刀を畳に突き立て「吉之助《きちのすけ》（隆盛）の弟だ」と言って、鎮まりました。翌日、反省した黒田は西郷に謝罪したそうです（安田直『西郷従道』)。

話を戻します。薩摩閥は大久保の死後は人材がなく、西郷・大山を除くと、一番マシなのが黒田という状況でした。黒田は少なくとも戊辰戦争での実績がありますが、松方は戦功ゼロです。経済に明るいということで明治政府に登用され、大蔵卿として日本銀行を創設しています。しかし、財政スペシャリストとしての優秀さは持ち合わせても、それだけでは政治家、特に総理大臣としては通用しません。

長州閥の伊藤・山県・井上は日本を引っぱっていきますが、薩摩閥はトップの黒田ですら見劣《みおと》りするのに、さらに下の松方が首相になったので、スタートから苦労します。大臣を引き受ける人がいないため、ほとんど前内閣の閣僚に留任してもらい、組閣しました。不運なことに、内閣成立五日後に、来日中のロシア皇太子を警備中の警察官が刀で斬りつける大津《おおつ》事件が起こり、事件後一カ月のうちに五人の閣僚が辞任してしまいます。

リーダーシップを欠いた松方では抑えが効《き》かず、各大臣や官僚が跳梁跋扈《ちょうりょうばっこ》する事態となります。なかでも、陸軍大臣高島鞆之助《たかしまとものすけ》と海軍大臣樺山資紀《かばやますけのり》が幅を利《き》かせます。樺山は海軍の予算拡張が思うように進まないことに苛立《いらだ》ち、議会で「薩長政府とか何とか批判するが、薩長のおかげで、ここまで来たのではないか!」と本音を叫んでしまいます。世に言う、蛮勇演説です。

さらに、第二回総選挙は死者が出るような暴力的な選挙干渉が行なわれたため、品川弥二郎内務大臣が責任を取って辞職しますが、実際に差配していたのは内務次官の白根専一でした。彼ら〝下《した》っ端《ぱ》〟がやりたい放題をやったのが、第一次松方内閣でした。

災害対策で名を上げる

そのころ、桂は第三師団長として名古屋に赴任しています（写真）。自伝にはみずから希望したとありますが、陸相の高島に忌避《きひ》され左遷されたとも言われます。おそらく、後者でしょう。

第三師団長時の桂

45歳頃

名古屋では、事務を参謀長の木越安綱《きごしやすつな》にまかせて、遊び歩きます。地元のゴロツキと共に廓《くるわ》に乗り込んで遊興したこともあったそうです。また自伝を書いたり、のちに三番目の夫人となる可那子《かなこ》と同棲を始めたりしています。同郷で一歳下の部下である乃木希典《のぎまれすけ》に手を焼いてもいます（小林『桂太郎』、千葉『桂太郎』）。「日を消するに無聊《ぶりょう》に苦しむほど」と自伝に書くほど、暇を持て余していたのです。

明治二十四（一八九一）年十月二十八日、濃尾《のうび》地震が起きます。平成七（一九九五）年の阪神《はんしん》・淡路《あわじ》大震災では、知事の要請がなかったために自衛隊が動けず、救助が遅れて大惨事になりました。実は、明治時代も規定は基本的に同じです。

しかし桂は、「要請など待っていたら人が死ぬ」と独断で兵を動かし、救助および治安維持活動を行なうのです。さらには復旧活動まで実施。もちろん、天皇の軍隊を勝手に動かしたわけですから、桂は辞表を提出します。しかし、明治天皇からは逆にお褒《ほ》めの言葉をいただき、辞表は却下されます。

どうせ慰留されるだろうからポーズだろう、と思われるかもしれませんが、このときの桂をめぐる状況から考えれば、そうは思えません。上司は桂を左遷させた高島陸相ですから、「よくやったけど、クビ」と言われる可能性がありましたし、高島が桂の辞表を奏上したとき、明治天皇が何も言わずに承諾していたら、それで終わりです。のちの桂は明治天皇と親密な関係を築き上げますが、このときには築かれていません。取り次ぐ陸相が同じ長州閥の山県であれば助けた可能性が高いですが、高島にはその保証はありません。

桂は保身よりも人命を優先したのです。先例もなく、自分の判断で思い切った行動を取り、周囲もまたそれを評価しました。被災地の市民からは感謝され、のちに市町村や県の地方自治体長から感謝状が送られています。そして、以後、災害時の軍隊出動が恒例となりました。

ところで、天皇の言葉には何の権限もありません。誤解している人が多いので、解説しておきます。

戦前と戦後で天皇のあり方が変わったと主張する人がいますが、平時の天皇の権限は大日本帝国憲法も日本国憲法も変わりなく、儀式を行なう存在です。戦前の天皇＝専制君主、戦後の天皇＝立憲君主ではありません。戦前の天皇が普通の立憲君主であるのに対し、戦後の天皇はあまりにも制限された状態に置かれており、立憲君主に本来認められる権利すら否定されているのです。

現在の日本国憲法は、天皇の言動によって政治がいっさい影響されてはならないという運用をしていますが、当時は影響されるのが当然というイギリス流の運用をしていました。帝国憲法の天皇は立憲君主として激励する権利、警告する権利、相談を受ける権利を持ち、実際に適宜《てきぎ》行使していました。

桂の行動は、法律を文字通りに解釈するなら、まちがいなく統帥権干犯《とうすいけんかんぱん》です。しかし、天皇が「激励」しました。とはいえ、高島には「お言葉」に従う義務はありません。「いえ、天皇陛下、桂をクビにしなければ軍規が保てません」と言うこともできます。逆に、明治天皇が「絶対に桂をクビにしろ」と言ったときに、高島が「陛下、それはなりません」と止めることもできます。

その意味で、明治天皇が褒めたこと自体は、何の権限もともなわない行為なのです。この場合、世論が「桂、よくやった」と賞賛ムードのなか、明治天皇が賢明な発言をなされたので、さすがの高島も空気を読んだのです。

日清戦争では戦功を挙げられず

一躍、名を上げた桂ですが、私生活では問題が起こります。弟の借金で東京・青山《あおやま》の邸宅を売却しなければならなくなったのです。しかし、このときも井上馨や児玉源太郎《こだまげんたろう》など長州閥の有力者や知人・友人に助けられています。

濃尾地震の翌年である明治二十五（一八九二）年八月、第一次松方内閣が総辞職。伊藤博文による第二次伊藤内閣が成立します。薩摩閥の次は、また長州閥です。

前内閣がグダグダで、最後には有力者が閣内にひとりもいなくなった反省からか、有力者で固めます。具体的には内務大臣に井上馨、陸軍大臣に大山巌、逓信大臣に黒田清隆、そして桂の親分・山県有朋も司法大臣として入閣しています。半年後には、海軍大臣に西郷従道が就任します。「元勲総出《げんくんそうで》内閣」と言われるように、松方以外の元老が全員そろっています。その松方ものちに数カ月間ですが、大蔵大臣を務めました。

明治二十七（一八九四）年四月に東学党《とうがくとう》の乱が起こり、朝鮮情勢は三度《みたび》緊迫します。今回は外交交渉で収めるのではなく、戦争に至りました。日清戦争です。

四カ月後の八月、桂の第三師団にも動員令が下ります。桂としては戊辰戦争以来の実戦、しかも近代軍では最初の戦いです。それまで暇を持て余していたので、張り切って準備しましたが、実際に出発したのは九月になってからでした。

しかし、戦場では華々しい活躍はありませんでした。負けているわけではないのですが、狙っていた平壌《へいじょう》攻略は第五師団（広島）に抜け駆けされています。桂は抜け駆けには抜け駆けで返すとして、命令を無視して進撃を強行し、顰蹙《ひんしゅく》を買っています。いちおう勝利は収めたので、結果オーライです。

山県はみずから第一軍を率いて北京《ペキン》攻略を望みますが、清国全土を混乱させて交渉が難しくなることや列強の干渉を恐れた首相の伊藤が止めます。山県は病を理由に、勅命《ちょくめい》で呼び戻されました。シビリアンコントロール（文民統制）による事実上の更迭《こうてつ》です。このとき、昭和の軍隊のように制御不能の状態に陥る可能性がなくもなかったのですが、日清戦争では文民優位が確立していました。伊藤の健全なリーダーシップを賞賛すべきでしょう。

山県の第一軍麾下《きか》には桂の第三師団も含まれており、海城《かいじょう》に共に籠城したときに苦労を分かち合ったことで、桂と山県との絆《きずな》がより深まりました。また、のちにみずからの内閣で外務大臣となる、小村寿太郎《こむらじゅたろう》駐清公使代理と出会っています。

桂は軍人としての活躍は地味なまま終戦を迎え、明治二十八（一八九五）年六月に凱旋《がいせん》しますます。このとき、桂らしい細かい配慮をしています。軍人が賞与を濫費《らんぴ》しないよう市町村などに管理させました。そのため、第三師団管下では処罰者が少なかったと自伝で自慢しています。

同年八月、日清戦争の軍功により、桂は子爵《ししゃく》を授かりますが、そのころ大病を患《わずら》っていました。健康状態が悪いときにも人には恵まれたようで、入院すると、児玉源太郎が隣室に宿泊し、日夜看護するなど公務以外は桂のそばを離れず、病院から陸軍省へ出勤しています。桂が鯛《たい》の刺身を食べたいと言えば、児玉は暴風雨のなかを魚河岸《うおがし》に行き、鯛を求め、みずから料理したそうです（小林『桂太郎』）。

桂は、児玉の友情を終生忘れませんでした。児玉は日露戦争後まもなくの明治三十九（一九〇六）年に五五歳で亡くなるのですが、その七年後、桂ががんに侵《おか》されたとき、児玉の夢を見るのです。「何を弱っている。俺が代わってやろう」と総理大臣の印綬《いんじゅ》を帯び、大礼服を着て、参内《さんだい》の車に乗って出かける児玉を見ながら、桂は元気が湧いてくるように感じました。しかし、目が覚めて夢だとわかると、桂はすっかり感傷的になってしまいました。「今日、児玉が生きていてくれるとなあ」（安藤照『続お鯉物語』）。

この後も、桂はしばしば大病にかかっており、病弱であったことは自身はもちろん、日本の運命をも変えることとなります。

短期間の台湾総督

日清講和条約（下関《しものせき》条約）によって、日本ははじめて海外領を持つことになりました。遼東《りょうとう》半島と台湾《たいわん》です。当時は植民地を持つことはステータスであり、悪いことという認識はありませんでした。言わば、戦国大名が領地を増やす感覚です。

改進党は「清に統治能力がないなら分割して山東《さんとう》・江蘇《こうそ》・福建《ふっけん》・広東《カントン》を取ってしまえ！」、

自由党は台湾《たいわん》の他「吉林《きつりん》・盛京《せいけい》・黒竜江《こくりゅうこう》を譲与させるべきだ」などと強硬論を吐いています（陸奥宗光《むつむねみつ》『蹇蹇録』）。彼らはそれまでさんざん政府を攻撃していたくせに、日清戦争が始まるや全会一致で支持しました。しかし、何も考えないで強硬論を振りかざすので、政府としては怖いところです。

結局、遼東半島はロシア・フランス・ドイツによる三国干渉で返還させられ、台湾が残ります。ただ、日本人は植民地の何たるかがまったくわかっておらず、台湾を搾取する土地とはしませんでした。開発に励み、台湾はのちに本土よりも豊かになっています。

日本が植民地経営にいかに真剣に取り組んでいたかは、送り込んだ総督を見てもわかります。初代が海軍の樺山資紀、次いで桂が任命されています。その後も乃木希典や児玉源太郎、明石元二郎《あかしもとじろう》など政府が人材と認めた者ばかりです。

児玉は八年強と長く務める間、後藤新平《ごとうしんぺい》が民生長官として補佐しました。明石は日露戦争における工作活動が有名ですが、八田與一《はったよいち》によるダム建設の計画を承認するなど、現地に貢献したため、死後、台湾に明石神社が建てられています。台湾総督の次は総理大臣との期待があったようですが、残念ながら在任中に病死しています。

ちなみに、日韓併合後の朝鮮総督も寺内正毅《てらうちまさたけ》、斎藤実《さいとうまこと》、宇垣一成《うがきかずしげ》、南次郎《みなみじろう》、小磯国昭《こいそくにあき》、阿部信行《あべのぶゆき》など、のちの首相経験者あるいは首相候補が並んでいます。日本人は植民地を持ち、舞い上がった面は否定できませんが、だからこそ人材を送り込んだのです。

国境には投資されても国境の一歩手前には投資されない、という法則があります。明治政府は北海道には多額の投資をしましたが、青森県にはしませんでした。台湾が日本の領土となると、台湾が国境の島になります。そこで割を食ったのが、戦略的価値が低下した沖縄です。沖縄もまた青森県と同じ地位に転落してしまったのでした。

また、今でこそ台湾は親日的ですが、当初からそうであったわけではありません。桂が総督に任命された明治二十九（一八九六）年六月にも抵抗運動があり、秩序の回復に苦労しています。植民地を持てば労せずに儲かるわけではなく、多大な犠牲をともなうのです。

左遷されて閑職へ

桂は台湾を視察し意見書を作成するなど、台湾統治に意気込みを見せますが、国内政治に変化が起こります。

日清戦争中は挙国一致で応援していた衆議院は戦争が終わると、また元の状態に戻ります。つまり、野党化し政府に敵対し始めたのです。首相の伊藤博文は板垣退助や大隈重信との提携を模索しますが失敗。内閣は潰《つぶ》れてしまいました。

長州閥の次は薩摩閥との〝法則〟通り、松方正義が首相候補になります。このとき、山県の腹心である桂は松方を傀儡《かいらい》にしている高島鞆之助とナンバーツー同士で会見し、腹の探り合いをしています。桂は、かつて上司だった高島と対等になっているわけです。左遷されても生き残り、派閥抗争にかこつけて台頭したのです。

明治二十九（一八九六）年九月十八日、松方正義による第二次松方内閣が成立。松方は大隈と提携したため、「松隈《しょうわい》内閣」と呼ばれました。松方は桂を陸相に望み、山県にも異存はありません。台湾統治を準備していた桂でしたが、本格的に台湾に赴任する前でしたし、総督辞任に同意しました。

ところが、またしても高島が陸相になりたがり、それが通ってしまいます。桂には「台湾総督に留任してくれ」となるのですが、さすがの桂も納得しません。病気を理由に大磯《おおいそ》に引っ込みました。当地には伊藤や陸奥宗光もいて、〝ヒマしている〟者同士で交友します。

なお、この陸相人事問題は元老間にも亀裂を生じ、新内閣は元老の協力が得にくくなりました。その結果、松方は大隈にいっそう依存することとなります。それでは、一年を待たずにゴタゴタが起きるであろうことは、事情通には明らかでした。

十月十四日、桂は東京防禦《ぼうぎょ》総督に就任します。「平時は閑職だが、有事のときは重い責任がある」（『桂太郎自伝』）などと自身は言っていますが、この役職が閑職でなくなるとき＝東京に敵が攻めてくるときは、日本が滅びるときです。もっとも、これが実務職になる前に大日本帝国は滅びてしまいましたが。

結局、第二次松方内閣は大隈が「税金まけろー」と暴れたことで空中分解。十二月二十五日、衆議院で内閣不信任案が提出されると議会を解散し、その直後に総辞職しました。

これは、憲政史上唯一の「解散総辞職」です。解散後に選挙を行ない、国民の信を問い、その結果を見て総辞職ならわかりますが、総辞職するなら解散する必要はないはずです。「解散即総辞職」は後《あと》にも先にもこの一例だけ、松方の政治オンチぶりがよくわかります。

やっと陸軍大臣に就任するも……

薩摩閥が政権を投げ出したので、次は長州閥です。明治三十（一八九七）年十二月二十八日の元老会議において、伊藤博文と山県有朋が推薦されましたが、山県は固辞。そして、伊藤・山県がたがいに押しつけ合った末、翌年一月十二日、第三次伊藤内閣の成立となるのです。

伊藤は当初、大隈や板垣に協力を求めますが、両者の要求が過大で交渉が成立しません。大隈に至っては「大臣ポストを三つよこせ」と無茶を言い出す始末。当時の閣僚は、軍人が就く陸海軍大臣と外交官の指定席である外務大臣を除けば、六つです。三つも渡せば事実上の改進党内閣です。伊藤は大隈の協力をあきらめ、衆議院に支持基盤を持たない状態でスタートします。

ここで、ようやく桂は陸軍大臣になります。以後、桂が四代の内閣にわたって陸相であり続けるばかりでなく、その後も陸相ポストは児玉・寺内・石本新六《いしもとしんろく》と長州山県閥が独占し(石本は姫路藩出身)、薩摩閥出身者は明治末年の上原勇作《うえはらゆうさく》までありません。その上原は大正政変で大きな役割をはたすのですが、長州閥に逆らうことはできませんでした。

桂の陸相就任で、長州閥の陸軍支配は完成しました。桂は、高島らの薩摩閥を意図的に駆逐します。大山巌の時代は薩長で仲良くやっていたのに、横暴な高島がそのバランスを崩《くず》しかけたわけで、しかけたのは薩摩側であり、桂が報復した形です。以来「陸の長州」となります。

しかし、桂には立場上、対立する相手はいても、個人的な敵は生涯を通じてほとんどおらず、この高島鞆之助ぐらいですから、例外中の例外です。

そう言えば、日本史上最高の「人たらし」の豊臣秀吉にも、柴田勝家《しばたかついえ》という天敵がいました。秀吉は、勝家から「柴」の字をもらって「羽柴《はしば》」と名乗るなどゴマをすっても、勝家には通じることなく、最終的には殺し合いになっています。同様に、「十六方美人」の桂といえども、一〇〇％誰からも好かれるというわけにはいきませんでした。

話を、明治に戻します。松方が議会を解散したので、明治三十一（一八九八）年三月十五日に第五回衆議院議員総選挙が行なわれました。議席数は第一党である自由党が九八、大隈重信が率いた進歩党《しんぽとう》が九一。共に議席数を増やしましたが、単独過半数に至りませんでした。桂は民党《みんとう》（自由党と進歩党を中心とした野党勢力）の議席増が微小にとどまったことに安心したようですが、両党合わせると、全議席の三分の二を占めています。

伊藤は議会を安定させようとしますが、難儀します。板垣や大隈の言い分を通せば藩閥が反発しますし、藩閥の意見ばかりを通していては、衆議院が拒否権を行使します（71ページの図5）。両方を立てなければいけません。政府は、そのバランスの上に成り立っているのです。

その軋轢《あつれき》のなか、自由党との仲介役をはたしていた農商務大臣の伊東巳代治《いとうみよじ》が板挟みになって、辞表を提出してしまいました。なお、伊東は伊藤博文の側近中の側近でしたが、その後は山県の側に走ります。

同年三月末、桂は第三師団長時代から連れ添っていた可那子と正式に結婚します。井上馨の養女としたうえで、伊藤博文の媒酌《ばいしやく》により、陸軍大臣官邸で盛大な結婚式を挙げました。このとき、可那子との間には三人の子どもが生まれていました（竹内『「家系図」と「お屋敷」で読み解く歴代総理大臣』）。桂は何度も結婚していますが、正妻は可那子が最後です。

「政治家軍人」と呼ばれて

日本は日清戦争に勝利したものの、遼東半島は三国干渉で返還させられ、そこにロシアが南下してきます。ロシアの脅威に備えて軍備を拡張し、増税しなければなりませんが、自由党と進歩党は「対外強硬」を主張しても、「地租増徴案」を否決します。明治三十一（一八九八）年六月十日のことです。前年十二月には、松方がトンデモ解散したばかり。しかも議会召集から約一カ月ですが、同日、伊藤は解散を断行します。

すると、一〇日後に、仇敵《きゆうてき》の板垣と大隈が手を組んだ新党が生まれます。衆議院に絶対多数を占める憲政党《けんせいとう》です。伊藤の解散には何の展望もありませんでしたが、憲政党の誕生も、計画性のない突発的なものでした。巨大野党の誕生に、お通夜のような元老会議が開かれ、伊藤博文は「我々も政党をつくり、板垣・大隈に対抗しよう」と提案します。しかし、政党嫌いの山県はこれに反対します。

山県の根深い政党不信には、二つの大きな理由があります。第一に、山県には「政党」と「徒党」の区別がついていません。秩序を乱す集団のイメージなのです。そして、政治は「政党＝徒党」に偏《かたよ》るべきではないという信念を死ぬまで持ち続けます。実際に政党は徒党のような行動ばかり取っているので、山県の信念は強まるいっぽうです。

第二は、徒党政治家に軍事を荒らされては困る、です。これは説得力があります。軍隊は、もののわかった人が統率しないと大変なことになります。もっとも、昭和に入ると、政党以外の集団が徒党化して、結局、収拾がつかなくなってしまいましたが。

このように、山県は彼なりの根拠にもとづいて政党に反対しているのですが、伊藤は政党排除は不可能と見ていました。しかし、現実に議会は存在し、制御不能となっている。これをどうにかしないといけません。双方に言い分がある、難しい対立でした。

元老会議の前日、桂は山県、井上馨、西郷従道と会談しています。そして、「伊藤首相の決心は遺憾です。『元老総出内閣《げんろうそうでないかく》』を組織しましょう。私は陸軍次官に、大山さんに陸軍大臣になってもらうのです。何度反抗を受けても、何度でも解散を行ない、たとえ憲法を中止してでも戦後経営はおろそかにしてはいけません」などと発言していますが（『桂太郎自伝』）、これはできないとわかっての発言です。

桂一流のおべんちゃらにすぎません。何の権限もないのに大臣人事に口を出して偉そうですが、内容的には、山県の喜びそうなことです。このころには、すっかり「政治家・桂太郎」ができあがっていました。

そんな桂を、同時代のジャーナリスト池辺三山《いけべさんざん》は、「軍人政治家」ではなく「政治家軍人」であると評しています。「戦争をするよりも政治のほうが上手なようだ」とも（池辺三山『明治維新三大政治家』）。

自滅する大隈重信内閣

お先真っ暗で、誰もがどうしていいかわからない状態の元老会議で、伊藤博文は板垣退助・大隈重信に後継内閣を担当させようと言い出します。山県有朋はもちろん、他の元老も「あいつらに政権を担わせるなどとんでもない」と思いながらも、誰も内閣を引き受けようとしません。結局、伊藤は辞表を提出し、大隈・板垣に組閣の大命《たいめい》が下ります。

こうして、明治三十一（一八九八）年六月三十日、第一次大隈内閣が成立しました。初の政党内閣であり、大隈首相兼外相と板垣内相が中心なので「隈板《わいはん》内閣」と呼ばれました。陸軍大臣は桂、海軍大臣は西郷従道が留任しました。川上操六は桂と西郷が辞め、陸海軍大臣を出さなければ政党内閣を妨害できると考えていました（小林『桂太郎』）。桂も辞表を出したのですが、天皇から留任の沙汰があり、必要な軍拡は行なうとの大隈の言質《げんち》を取ったことで留任します。

桂は、板垣・自由党と大隈・進歩党は「氷炭相容《ひょうたんあいい》れざる性質」であり、「半身不随の内閣」が分裂するのは時間の問題と見ていました。西郷も、桂に「そのときには大隈派は自分（西郷）に、板垣派は君（桂）に頼るだろう」と言い、まもなく予想通りの展開となります。そして桂は不本意ながら政党内閣の一員となり、「国家を補佐するためには、忍びがたきを忍ぶことも必要」と我慢しました。また、西郷と示し合わせてなるべく閣議に出ないようにし、本城である陸海軍を守ることに徹しています（『桂太郎自伝』）。

帝国議会開設後、政権を長州閥が担当しようが薩摩閥が担当しようが、両者協力して「元老総出内閣」をつくろうが、衆議院が抵抗したら予算が通らず、あらゆる内閣が倒れていきました。「それなら政党が政治をやってみろ」と誕生したのが、第一次大隈内閣です。

衆議院（民党）は拒否権行使側に回れば最強ですが、政権担当能力はありません。顕著な例が、ペリー来航以来最大の友好国であるアメリカに戦争をしかけそうになったことです。

同年七月、アメリカがハワイを併合すると、板垣・大隈の支持者たちは「アメリカは非道の国だ。ハワイを助けろ!」と騒ぎます。そして、彼らに押された大隈首相兼外相と星亨《ほしとおる》駐米公使は、競うようにマッキンリー大統領に強硬な手紙を送り続けました。マッキンリーは最後通牒かと勘違いして仰天したものの、幸い冷静な対応をしてくれました。

このような事例を見ると、山県の「政党に政治などまかせられない」という主張は説得力があります。いずれにせよ、第一次大隈内閣が政権担当能力ゼロだったことは明らかです。

さらに八月、尾崎行雄《おざきゆきお》文相は金権政治を戒《いまし》める意味で「もし日本が共和政だったら、三井や三菱が大統領候補になる」と演説し、大問題になりました。いわゆる「共和演説事件」ですが、天皇陛下を軽んずるようなたとえ話は不謹慎だと非難されました。

桂は大隈に尾崎を参内させて謝罪させたほうがいいと忠告し、その通り尾崎は謝罪するのですが、報告を聞いた桂は尾崎に「忠告通り謝罪したのはいいけど、その弁解がましい言い方はよくなかったねえ」と告げます。結局、謝罪の効果はなく、騒ぎは大きくなるばかりでした。尾崎はその責任を取り、辞任します。一五年後、逆恨《さかうら》みした尾崎は、有名な「憲政擁護演説」で第三次桂内閣を総辞職に追い込み、復讐をはたしています。

尾崎が辞任しても一件落着することなく、それをきっかけに新たな騒動が持ち上がります。憲政党は板垣派と大隈派が合同したものです。この間まで別の政党だった両派の間で、尾崎の後任をめぐって激しい争いが起こったのです。

尾崎文相は大隈派です。板垣派は「大隈派が失敗したのだから、板垣派によこせ」、大隈派は「文相は大隈派の椅子だ。後任も大隈派でなければならない」と主張し、内紛になります。これを、桂は見逃しませんでした。

短気な板垣が辞表を出すと、板垣派の諸大臣もそれに続きました。桂は、板垣らの辞表が受け入れられないように宮中工作をします。大隈派がこれ幸いと内閣を牛耳らないためです。板垣派は憲政党本部を占領するなど、実力行動に出ます。進退窮《きわ》まった大隈はついに総辞職。桂・西郷の読み通り、第一次大隈内閣は四カ月という短期間で潰れました。

桂はタダで板垣派寄りの行動を取ったわけではありません。代償として星亨から、内閣崩壊後は、板垣派は桂（山県閥）と提携するとの約束を引き出しています（小田急電鉄株式会社編『利光鶴松翁手記』）。

なお、桂の自伝は宮中工作については詳述していますが、密約に関しては「逆境にある板垣派を助けたのは、政略上妥当なことであった。来《きた》るべき帝国議会において、戦後の経営を実施するためには、政党を操縦しなければならない。そのとき板垣派と提携しようと決心して戦略的に行なったことである」とぼかしています（『桂太郎自伝』）。

議員を懐柔する妙手

明治三十一（一八九八）年八月の第六回衆議院総選挙では、憲政党が大勝して八割を占めていましたが、議会に臨《のぞ》むことなく第一次大隈内閣は瓦解《がかい》し、山県に組閣の大命が下ります。桂と西郷だけは辞表を出さずに留任しました。桂は、他の大臣がいなくなったので、後継内閣の準備は自分が担当するしかなかったと書いています（『桂太郎自伝』）。

第一次大隈内閣の瓦解も突然の政変であり、在京の元老は黒田・大山・松方と薩摩閥だけ。京都の山県は急ぎ帰京しますが、関西旅行中の井上馨は「あんた（山県）に頼んだ」と人まかせ。伊藤は第三次伊藤内閣崩壊後、清国に行っていました。伊藤はこのとき、清朝皇帝に清国で総理大臣をやらないかとスカウトされています。それが西太后《せいたいこう》の耳に入り、政変が起こります。いわゆる戊戌《ぼじゅつ》の政変（百日変法）です。

桂は、伊藤が帰ってくる前に決めることを提案します。大隈は首相を続けたがっているし、伊藤が帰ってきて大隈を推したら、元老会議が割れ、収拾がつかなくなるからです。そして、実際に伊藤の帰りを待たず、十一月八日、第二次山県内閣が成立します。

ここだけを取り出すと、桂は山県の太鼓持ちの嫌な奴にしか見えません。山県は自分が首相になるときにみずから軽々しい言動はできませんから、誰かに動いてもらわないといけない。その役どころに打ってつけだったのが桂だったのです。

桂は、今回も陸軍大臣に留任しています。西郷は内務大臣に横滑り、海軍大臣には山本権兵衛《やまもとごんべえ》が上がってきました。

内閣成立の日は、衆議院の議長選挙の日でもありました。桂は「板垣派の片岡健吉《かたおかけんきち》を議長に、帝国党《ていこくとう》の元田肇《もとだはじめ》を副議長に当選させたのは自分だ」と誇らしげに書いています（『桂太郎自伝』）。すでに議会対策を着々と進めています。

衆議院は、また板垣派と大隈派に割れます。憲政党が、憲政党（板垣派）と憲政本党《けんせいほんとう》（大隈派）に分裂したのです。議会に基盤がないと予算を否決されるのは明らかなので、山県は板垣を抱き込みにかかります。憲政党の実質的リーダー星亨と交渉するのですが、内務大臣を板垣、法務大臣を星にと提案したところ、もう二つ大臣の椅子をよこせと要求してきました（升味準之輔『日本政党史論』第二巻）。これは吞《の》めません。

結局、組閣は政党抜きの「超然《ちょうぜん》内閣」となりますが、彼らとの提携交渉は続きます。交渉役の桂は現ナマを持っていくようなことはせず、たくみに議員たちの心をつかみます。

毎年、天皇統監のもとに行なわれる陸軍大演習が、十一月中旬に大阪でありました。桂は板垣をはじめ貴衆両院議員を招待するのですが、板垣には陸軍の名馬を供《きよう》してその乗用とし、首相の山県は板垣と轡《くつわ》を並べて観覧しました。演習後の大宴会においては、板垣の席を陛下の玉座の近くに設け、陛下が板垣を御前に召《め》されてご対話なさるなどの光栄に浴します。これを見た板垣派代議士のなかには感極《きわ》まって涙を流すものさえいました。

代議士の待遇も厚く、富豪の邸宅を宿にあて、主人夫妻は礼服を着用して朝夕の挨拶、送迎をして、下男下女は靴を脱がせて足を洗うなど、至れり尽くせりの歓待をしました。

三日間の陸軍大演習が終わると、今度は海軍です。神戸沖での観艦式《かんかんしき》でも、同様の歓待を受けます。代議士が「はじめて議員の貴《とうと》さがわかった」と叫ぶほどでした。東京に帰るころには、代議士の空気が一変していました（小田急電鉄『利光鶴松翁手記』）。

幹部間でも会談を行ないました。山県・桂・西郷と板垣・星・片岡が話し合い、地租増徴もやむを得ずなど政策上の合意を見ます（有泉貞夫『星亨』）。そのときも、その後も憲政党から大臣の椅子をせがまれても上手に断《こと》わり、閣外協力に落ち着いています。

日本政治における、官僚と衆議院第一党の提携はここに始まりました。第一次大隈内閣の失敗を機に、衆議院の第一党が補完勢力に落ちぶれたのです。官僚にいいように操《あやつ》られる、衆議院第一党の原点がここにあります。

山県有朋のアメとムチ

憲政党の看板は板垣ですが、実質的には星が仕切っています。山県はアメとムチを使い分けます。

まずアメとして、機密費から多額の金を星に渡してバラまかせます。これは非合法なお金ですが、合法的な買収も行ないます。議員歳費を八〇〇円から二〇〇〇円に上げています。突如として給料が二・五倍になったわけです。議員たちは、あらゆる山県の方策に賛成しました。

アメはまだあります。二年後の明治三十三（一九〇〇）年三月二十九日、衆議院議員選挙法改正を交付し、選挙権を拡張しました。選挙権の条件を直接国税一五円から一〇円以上に引き下げ、被選挙権の納税資格を撤廃しました。選挙権の拡大は民党が一貫して要求してきたもので、憲政党も顔が立ちます。

そして大きなムチを三つ振るいます。編年で挙げましょう。

一八九八年十二月三十日　地租条例改正
一八九九年三月二十八日　文官任用令改正
一九〇〇年五月十九日　　軍部大臣現役武官制

このなかでもっとも重要なのが「地租条例改正」、増税です。桂の工作は、すべてはこのためと言ってもいいくらいです。ただ、交渉の結果、原案では四％だったのが、三・三％の増税です。五年間の時限立法での妥協となりました。

今でも残っているのが「文官任用令改正」で、いわゆるキャリア官僚制のことです。政治家は大臣になれますが、次官以下の高級官僚にはなれません。今でこそあたりまえのようになっていますが、このときに確立したシステムです。高級官僚の身分を、政治の介入から守ろうとしたのです。

そして、悪名高き「軍部大臣現役武官制」です。第一次大隈内閣の猟官運動がひどかったので、軍事領域を守るため、陸海軍大臣は現役の軍人でなければ就任できないようにしたのです。なお、評判が悪くなるのは昭和に入ってからで、このときは「政治家が軍事に介入してはならない」と皆が納得していました。

総じて、憲政党は閣内には入れてもらえないのに、協力ばかりさせられています。議員歳費を上げてもらった代議士はいいですが、代議士以外の人はいいように使われて不満が溜《た》まります。明治三十二（一八九九）年十一月に開かれた議会では、憲政党が陸軍（つまり桂）に嫌がらせをしています。陸軍予算から三〇万円を削減すると言い出したのです。あわてた桂は憲政党本部に駆け込み、説明します。それでもだめとなると、「今後、憲政党との関係を断絶する！」と強気に出て、何とか削減を撤回させます。

宥《なだ》めたり脅《おど》したり、忙しい話ですが、山県は事実上、憲政党を買収することで、政治課題を次々とこなしていきます。

北清《ほくしん》事変で早期撤兵を主張

第二次山県内閣の成立から一年半もたつと、すべきことはすべて終えてしまいました。明治三十三（一九〇〇）年には治安警察法を制定。これは社会主義者を取り締まるのが目的であり、警察権の拡大強化をはかりました。もう、いつ辞めてもいい状態です。星らが入閣要求してくるのも相変わらずです。山県はそれを拒否し続けますが、憲政党との対決ムードが高まり、同年五月に天皇に辞意を内奏します。

このような状況下、かねてから不穏になっていた大陸情勢が深刻な状態に陥ります。明治三十二（一八九九）年三月に山東省で蜂起した義和団《ぎわだん》による反乱は、翌年には華北《かほく》一円に広がり、北京の公使館が危ないという状況になってきたのです。北清事変です。

義和団事件勃発時の国際情勢について、ご説明しましょう（図6）。

一八九〇年にドイツでビスマルクが失脚すると、翌年には露仏同盟が調印されています。ドイツが露仏に挟み撃ちにされる構造です。さらに、ロシアとオーストリアの対立が抜き差しならなくなっていました。とはいえ、ドイツはイギリスともロシアとも喧嘩《けんか》しないように、慎重にふるまいます。

日清戦争後の三国干渉の火つけ役はドイツです。露仏の挟撃《きょうげき》を恐れたドイツが、ロシアの目をヨーロッパから逸《そ》らすために、「アジアのほうが取りやすいぞ」と焚《た》きつけた。つまり、遼東半島を含む満洲《まんしゅう》一帯は、ドイツがロシアに投げた餌なのです。ロシアが南下すると、日露の対立が激しさを増します。

このような国際情勢を背景として、一九〇〇年五月末、義和団が北京に迫ります。六月十一日には日本公使館員が清国兵に殺害される事件まで起こり、十五日には閣議で陸軍部隊の派兵が決定されます。
　桂は当初から、陸軍よりも臨機応変に対応できる海軍を派遣すべきであると冷静です。各国が被害に遭《あ》っているので、連合軍を組織することが想定されます。日清戦争の勝利で知名度の上がった日本は、諸外国から一目置かれると同時に警戒されるようにもなっています。ここで率先して派兵すれば、その警戒心を強めるだけです。三国干渉の轍《てつ》を踏まないためにも、現地にもっとも近い日本に各国が頼ってくるのを待って派兵したほうがいい、それまで慎重な姿勢を示すべきと桂は考えます。

図6　義和団事件時の国際情勢(1899年)

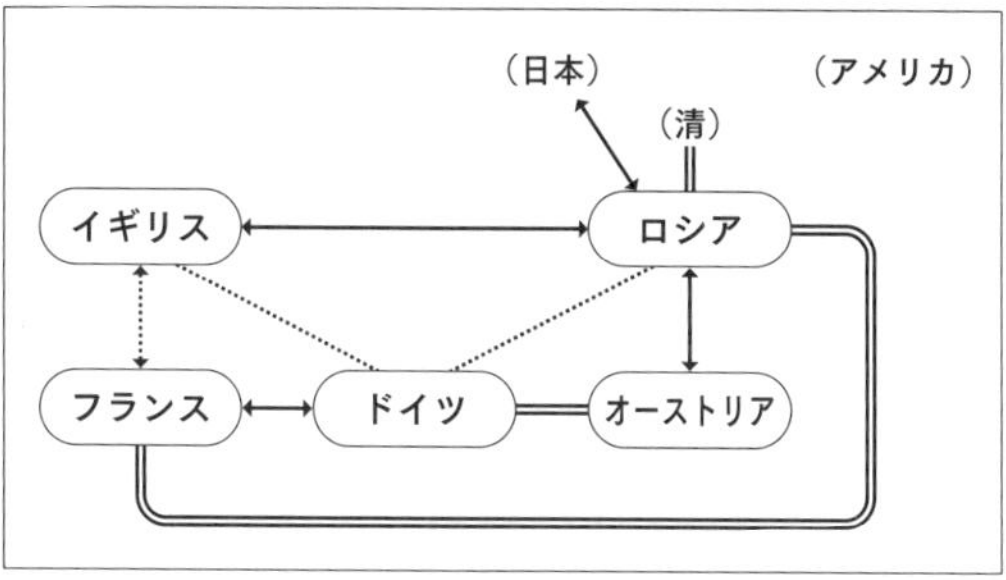

　ちなみに、仲間の職員を殺された外務省は、大軍を派遣せよと強硬でした。桂も六月中旬の段階では、臨時派遣隊司令官の福島安正《ふくしまやすまさ》を叱咤激励《しったげきれい》して送り出していますが、「列国に保険料を支払うために赴《おもむ》くのだ」と、国際協調のための戦いであることを強調しています。
　北清事変は、日本が多国籍軍の一部として戦う最初のケースでした。日露英仏独墺伊米の八カ国による共同出兵であり、世界史的にもこれだけの大国が一堂に会した連合軍はありません。非正規兵の義和団相手ですから、軍事的には勝つに決まっています。八月には連合軍が北京に入り、公使館員や居留民を救出しています。しかし、問題は戦後秩序です。国際協調を破る常習犯のロシアが満洲に居座《いすわ》るのです。

首相の山県は、ロシアやドイツが引かないなら、日本も兵をとどめるべきだと考えます。いっぽう、伊藤は早期撤兵を強く主張します。強硬派の近衛篤麿《このえあつまろ》貴族院議長は「満洲・山東の露独両軍を攻撃しろ」、外相の青木周蔵は「即時対露開戦」でした。ちなみに篤麿はのちに首相となる文麿《ふみまろ》の父であり、四二歳で亡くなりましたが、鎌倉時代に近衛家が創設されてからはじめて大臣にならなかった人です。

桂は「今、派手に暴れて顰蹙《ひんしゅく》を買うより、将来を見据えて着実に進むことが大事である」と、青木らを説得しました。これによって、桂は伊藤に認められると同時に、山県からもいっそうの信頼を得ています。

ふだんは山県を持ち上げるゴマすり男ですが、国家の方針として上司がまちがったときなどには堂々と意見するわけです。ただのおべんちゃら人間ではありません。ただし、桂が許されるのは、山県や伊藤が優れた上司だからです。人品卑《じんぴんいや》しい上司にこういう態度を取っても通用しません。

政党を設立した伊藤博文、政党嫌いの山県有朋

前述のように、第二次松方内閣が空前絶後の「解散総辞職」を行ない、さらに黒田清隆が逃げたために第一次大隈内閣が成立した経緯もあり、薩摩閥の発言権は極端に低下します。もはや長州閥の独占状態です。そして、北清事変の難局を収拾したことで、山県有朋が藩閥の代表的地位に躍り出るのです。

いっぽう、同じ長州閥であり元老筆頭の伊藤博文は、衆議院が政権担当能力のない拒否権集団のままである不健全な状態を解消するには、みずから政党を率いるしかないと決意します。明治三十三（一九〇〇）年九月十五日、立憲政友会（以下、政友会）が設立され、伊藤が総裁となります。伊藤系の優秀な官僚と、衆議院の多数派である憲政党を統合すれば、うまくいくという計算です。

これに、政党嫌いの山県が黙っているはずがありません。伊藤が官僚と政界の両方を押さえて内閣を組織するようになったら、議会に足場がない山県は生涯、伊藤に屈することになります。そして山県は、本気の喧嘩をしかけます。政友会ができてすぐの九月末、総辞職を

します。政友会に政権担当のための準備期間を与えないためです。

十月十九日、第四次伊藤内閣が成立します。閣僚のうち、加藤高明《かとうたかあき》外相、山本権兵衛海相、桂陸相以外はすべて政友会員である政党内閣です。

とはいえ、すんなり組閣できたわけではありません。党内の官僚派と党人派が対立しても伊藤は収拾できません。決定権は、すべて総裁（伊藤）にあることになっていても、実力者に「では、辞めさせていただきます」と言われると、強行突破できないのです。

政友会設立の資金を財閥から集めてくれたのは、井上馨でした。伊藤はその井上を大蔵大臣にしたかったのですが、官僚派の頭目《とうもく》・渡辺国武《わたなべくにたけ》が大蔵大臣を希望したため、呑まざるを得ない有様《ありさま》です。

桂は当初、政権安定のために陸相を留任しましたが、二カ月後の十二月には三つの理由で辞任します。

第一は、健康上の理由です。三代の内閣で陸相を務め、疲労が溜まっていたのです。隈板内閣では桂言うところの「俗論派」のなかで耐え忍ばねばならず、第二次山県内閣では提携工作に勤《いそ》しみ、北清事変の処理にも忙殺されました。第二は、山県の腹心ですから、山県が敵対的に押しつけた内閣に留任するのは好ましくないことです。そして第三は、薩摩閥を陸軍から一掃するため、気心の知れた後輩・児玉源太郎を陸相に据えるためです。

そして陸軍大臣を辞めたあとは特に何もせずに、静養しています。強いて挙げれば、明治三十三（一九〇〇）年に台湾協会学校（現・拓殖大学）の初代校長への就任です。同校は、台湾開拓のための人材養成学校でした。第三代学長には桂の腹心・後藤新平が就いています。

桂には、体調が良くなったら外遊したいとの希望もあったようですが、第四次伊藤内閣が一年もたたないうちに内紛を起こして崩壊したため、その希望はかないませんでした。そして、北清事変で動いた国際情勢の波が、日本に一気に押し寄せてくるのです。

第三章

国難に立ち向かう宰相

——第一次桂内閣と日露戦争

第一次桂内閣時、連合艦隊司令長官
東郷《とうごう》平《へい》八《はち》郎《ろう》（右）と共に

ドイツの策謀とロシアの南下

明治三十四（一九〇一）年九月七日、清国は日露独英仏米墺伊それにスペイン・オランダ・ベルギーの一一カ国と北京議定書を締結し、北清事変は一区切りつきました。ところが、事変後もロシアは満洲に居座り続けます。これは、日本にとって脅威です。ロシアが東アジアで南下するか否《いな》か、それをどう阻止するか。これが、以後の日本の最重要争点となります。国家の生き残りをかけた問題ですから、他のすべては従属変数となります。

第四次伊藤内閣から第一次桂内閣への移行期、明治三十四（一九〇一）年五月の国際情勢を見てみましょう（図7）。

まず、イギリスとフランスは植民地で争っています。そして、ドイツとオーストリアの同盟にはイタリアが加わり、三国同盟となっています。

ドイツとロシアの関係は、この時点ではそれほど悪くはありませんが、ロシアとオーストリアがバルカン半島で対立しています。すでに露仏同盟が結ばれていますから、同盟国オーストリアがロシアと戦争を起こせば、ドイツが巻き込まれます。そこで、ヴィルヘルム二世はロシアの目を東方に向けさせ、アジア進出を扇動することで、独墺伊三国同盟と露仏同盟の争いを避けようとしました。

ビスマルク以後のドイツの迷走は、ヴィルヘルム二世の優柔不断や自己顕示欲のみならず、官僚の暴走のせいでもありました。ビスマルク退陣後、彼に匹敵する宰相は現れません。ヴィルヘルム二世が、自分の言いなりになる人しか選ばなかったからです。そんなヴィルヘルム二世は旅行好きで、国内外に出かけっぱなしです。閣僚と密な話し合いをすることなど不可能でした（竹中亨『ヴィルヘルム2世』）。

皇帝不在で、それを支えるはずの事務方が無能では、国の舵《かじ》取《と》りをまちがえたとしても不思議ではありません。

イギリスは光栄ある孤立を謳歌……していません。イギリスはこのころ、ボーア戦争に苦戦し、強制収容所や焦土作戦でヨーロッパ各国から非難を浴びていました（中山治一編『世界の歴史 第13 帝国主義の時代』）。

なお、ドイツはイギリスには友好的です。当初、イギ

図7 北清事変後の国際情勢（1901年5月）

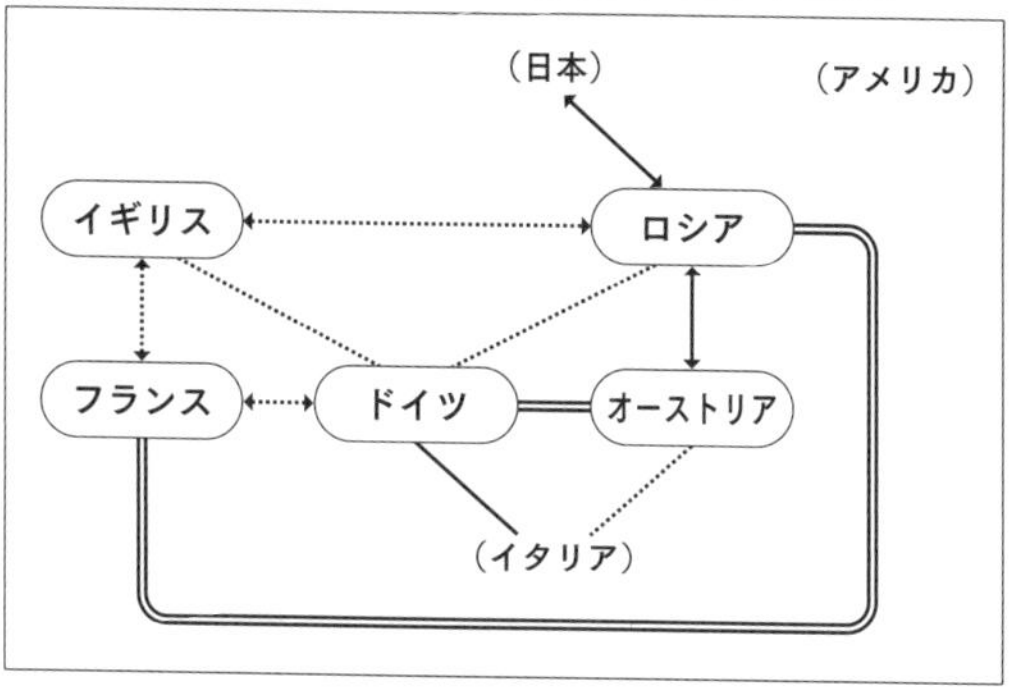

リスはドイツと結んでロシアに対抗しようと揚子江《ようすこう》協定を締結しますが、ドイツは一緒にロシアと戦ってくれるどころか、むしろイギリスとロシアを戦わせようとしているかのようです。

それでは、日本国内の状況はどうか。政治構造を確認しましょう（図8）。

これまで同様、藩閥政府と衆議院（政党）が対立する構図は変わりません。ただ、伊藤博文が政友会総裁に就任していますから、藩閥の長である山県有朋と対立構造にあります。それぞれの後継者が桂太郎と西園寺公望です。桂の下には寺内正毅、山本権兵衛、小村寿太郎ら藩閥官僚がいます。西園寺の下で働く実力者は原敬や松田正久《まつだまさひさ》です。伊藤の力はどんどん落ちていきます。ちなみに井上馨は、どちらの系統とも言えず、独立独歩ですが、盟友・伊藤の政友会に資金援助をしています。

党人派最強の実力者は明治三十四（一九〇一）年五月時点では星亨ですが、六月二十一日に暗殺されました。その後、原が党を掌握するまで権力の空白が生まれます。星・松田は純然たる党人で、渡辺国武・原は官僚出身です。原は政党政治家のイメージが強いかもしれませんが、外務官僚出身であり、外務次官や駐仏公使を務めています。

第四次伊藤内閣の組閣時に「どうしても蔵相になりたい」とわがままを通した渡辺は、伊

図8　政友会結党後の国内情勢（1901年5月）

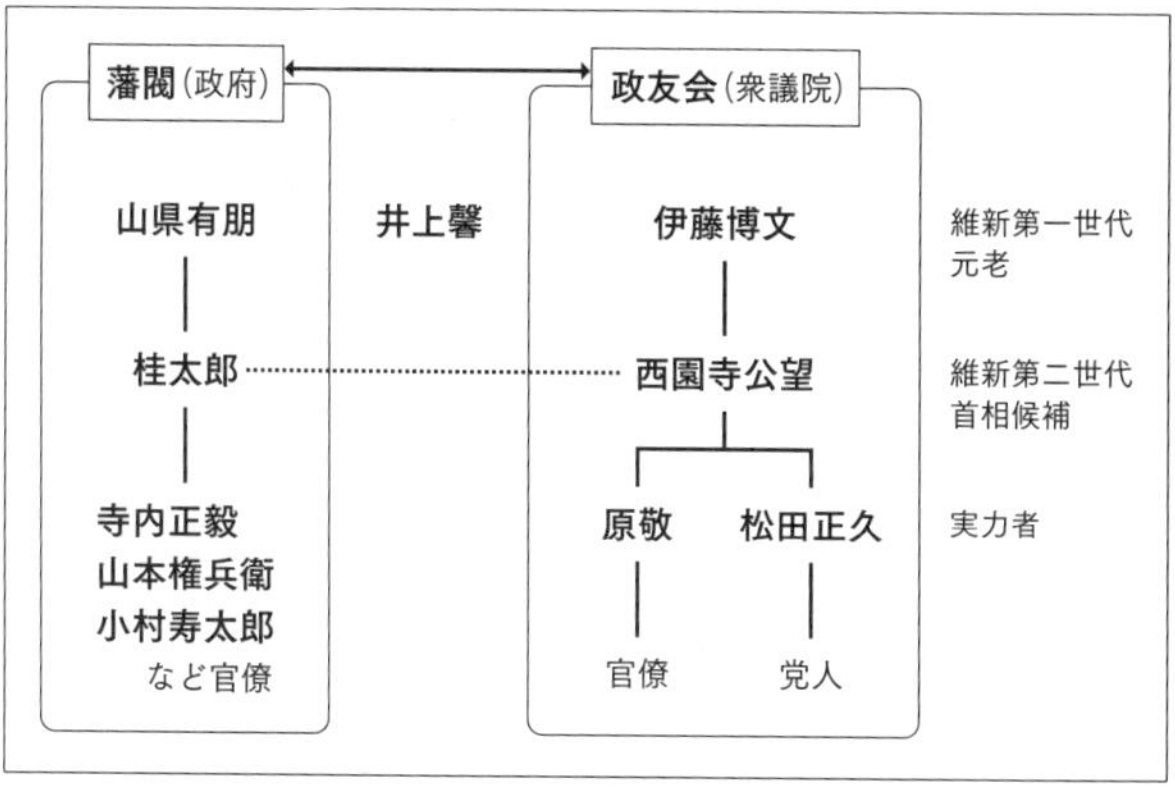

藤系官僚の筆頭有力者でした。しかし、渡辺は最後まで問題を起こし続け、財政問題で対立し、結局、内閣そのものが立ち行かなくなりました。伊藤は辞任、渡辺もまた辞表を提出させられます。その後、二度と大臣になっていません。

日英同盟はドイツが作った⁉

北清事変後も満洲に居座り続けたロシアと清国が密約を結んでいることが判明します。一八九六年六月、清国は露清密約（李鴻章《りこうしょう》・ロバノフ協定）で満洲におけるロシアの権益を認めたのです。

清朝（清国）は満洲人の王朝ですが、李鴻章は漢民族です。清朝は、基本的に父祖の地・満洲に漢人を入植させませんでした。最悪の場合、そこに帰るためです。李鴻章は、それをロシアに売り渡したのです。万里《ばんり》の長城《ちょうじょう》の外にある満洲やモンゴルは漢民族の土地ではありませんから、李鴻章には売国奴という意識はなかったでしょう。そんな李鴻章に交渉をまかせた清朝が愚《おろ》かですが、もはや当事者能力がなかったのでしょう。

ロシアの南下にもっとも危機感を抱いているのは日本です。しかも、三国干渉で日本が返還を強要された遼東半島の旅順《りよじゅん》や大連《だいれん》も、ロシアが租借《そしゃく》してしまいました。

イギリスもトルコ、ペルシャ、アフガニスタンなどでロシアと対立し、ロシアが不凍港を得ないようにしてきました。イギリスは揚子江流域に権益を持っており、ロシアの南下は脅威です。ここに、日英の利害が一致します。

実は、日英同盟を言い出したのは、日本でもイギリスでもなくドイツでした。明治三十四（一九〇一）年一月、第四次伊藤内閣のとき、ドイツから日英独同盟の話が打診されます。ただ、これは、駐英ドイツ代理大使の独断であったらしく、その後、英独の同盟話はなくなり、残った日英で話が進められることになります。このころのドイツでは、官僚が政治家を無視して勝手なことをしていますが、その典型例です。

その後の歴史を知っている我々は、日英同盟がいいこと尽くめで日露戦争を勝利に導く鍵だったことを知っています。しかし、それは結果論です。このときの元老たちは真剣に悩み、議論します。彼らは次のように考えました。

イギリス・ドイツとの三国同盟に乗ってロシアに対抗する案も一理ある。しかし、この場合、ロシアとの対決が決定的になる。さらに清国まで敵に回しかねない。かといって、このまま手をこまぬいて何もしなければ、ロシアは清国を従えて南下してくる。清国が呑み込まれると、朝鮮陥落は時間の問題である。朝鮮は落ち目の清国を見捨て、積極的にロシアの家来になりたがっている。

明治三十四（一九〇一）年四月に始まった、この論争は一年近くも続きました。

第一次桂内閣の誕生

政友会を設立した伊藤博文は内閣を組織するものの（第四次伊藤内閣）、政友会を統御できず、内閣は半年強で崩壊します。次は誰が総理大臣になるのか。

伊藤と山県が対立していますから、元老のうち総理候補となりうるのは井上馨しかいません。そして、井上に大命降下が下ります。

しかし、この人には人がついてきません。伊藤が政友会をつくるとき、井上は財界に口利《くちき》きをしましたが、財界はそもそも政友会をつくることに反対でした。それが尾を引いて、井上に金を出すのはともかく、政党に金を出すのは嫌だという財界人が続出します。政友会をバックに井上が「いざ総理に！」というときに協力が得られませんでした。大蔵大臣にと考えていた渋沢栄一《しぶさわえいいち》にも断わられます。外相の加藤高明、陸相の児玉源太郎、海相の山本権兵衛らにも留任を拒《こば》まれます。

桂も陸相として入閣を求められましたが、はっきりと断わっています。

予《よ》は伯《はく》に答ふるに、……井上伯の性質は一国の国勢を統一せらるべき性質に非《あ》らず、一度内閣を組織せらるるも忽《たちま》ちにして破解するは伯の性質より見て明白なれば、老伯をして如此《かくのごとく》の危験の地位に立たしむるは、友情としても、亦《また》予が内閣に入り、老伯をして不名誉の終を告しむるは本意に非らず、故《ゆえ》に断然入閣を辞し、且《か》つ老伯も亦内閣組織を断然辞《じ》せらるるの良なるをも告げたり。

（『桂太郎自伝』）

これでは、組閣を断念するしかありません。大命降下から一週間後、井上は大命を拝辞します。どうしても首相になりたいというわけではなかったので、あっさりとあきらめたようです。

山県はもう首相になる気はないので、後任は井上でもいいが、ダメだったら桂と二段がまえで考えていました。第二次山県内閣で辞職しようとしたとき、後任を桂に考えていたぐらいですから、本命は桂です。

桂も、山県の期待がわかっているし、やる気もある。しかし、「首相になりたい」などとはおくびにも出しません。これまで、首相は維新第一世代の元老たちが務めてきました。大隈重信は元老ではありませんが、同じ世代です。そこに、維新第二世代である桂が首相になることは、言わば〝出る杭《くい》〟になるわけで、快《こころよ》く思わない者たちがいます。

井上が大命を拝辞すると、即日、山県が元老会議を招集。誰も反対することなく、桂に決まります。その三日後、桂に大命が下るのですが、第一世代の伊東巳代治など、反対派もいます。

そこで、桂は「いえいえ、私ごときが恐れ多い」と、芝居を打ちます。翌日、伊藤博文を訪ね、再起をうながしますが、伊藤は断わります。これは、桂の計算の内です。そして、桂は参内すると、明治天皇に「私では総理大臣は無理なので、伊藤さんにもう一度やってもらおうと説得したのですが、承諾を得られませんでした。ここは陛下御《おん》みずから、伊藤さんを説得していただけませんか」とお願いするのです。なかなか念入りです。明治天皇は承諾し、いちおう形式的に慰留します。

しかし、伊藤は「元老会議で桂に決まったのですから、桂でいいです。私は戻りません」と返答。改めて桂に大命降下すると、桂は「そこまで言われたら」と引き受けます。

ニコポン極まりない。全元老に天皇陛下まで味方につけて、伊藤巳代治ら反対派を抑え込み、明治三十四（一九〇一）年六月二日、第十一代内閣総理大臣に就任したのです。

「二流内閣」の華やかな人材

このように、桂は完璧な根回しをして大役を引き受けたものの、閣僚たちは昨日までの同僚です。山本権兵衛など、自分は桂と対等だと思っています。

山本は、海軍大臣就任になかなか首を縦に振りませんでした。これを聞いた西郷従道は、山本に「あんたが嫌なら、おいどんがやりもうそ」と言いました。はるかに先輩の西郷にそのように言われて、ようやく引き受けています（朝倉・三浦『世界人物逸話大事典』）。

山本は剛直で知られますが、薩摩の大先輩かつ大恩人の西郷にだけは頭が上がりませんでした。というのも、山本は若いころ、悪さばかりしており、先輩たちからは「行く末見込みのない奴」と見なされ、相手にされませんでした。しかし、西郷は山本を自宅に呼び、襟《えり》を正してよく話して聞かせました。その誠意に感服し、行ないを改めたそうです（安田『西郷従道』）。

第一次桂内閣以降、桂と山本は盟友になります。最後は、山本が桂を政界から追い出すのですが、最終的な人間関係で、それ以前のすべてを見てはいけません。

首相は閣僚を任命する権限があります。ただし、依頼して断わられた場合、強制する法は帝国憲法にも、日本国憲法にもありません。つまり、任命権限はあるのですが、実際に就任してくれるか否かは、首相個人の力量にかかっているのです。強面《こわもて》の井上に人望がなく、ニコポンの桂に調整力があったのは、当時の政界では意外と見られていました。

第一次桂内閣の閣僚を挙げてみます。

第一次桂内閣

総理大臣　桂太郎

外務大臣　曾禰荒助→小村寿太郎

内務大臣　内海忠勝《うつみただかつ》→児玉源太郎→桂太郎→芳川顕正《よしかわあきまさ》→清浦圭吾《きようらけいご》

大蔵大臣　曾禰荒助

陸軍大臣　児玉源太郎→寺内正毅
海軍大臣　山本権兵衛
司法大臣　清浦圭吾→波多野敬直《はたのよしなお》
文部大臣　菊池大麓《きくちだいろく》→児玉源太郎→久保田譲《くぼたゆずる》→桂太郎
農商務大臣　平田東助→清浦圭吾
逓信大臣　芳川顕正→曾禰荒助→大浦兼武《おおうらかねたけ》

伊藤・山県ら維新第一世代がひとりもいません。そのため、「二流内閣」「次官内閣」「小《こ》山県《やまがた》内閣」などと呼ばれました。小山県内閣とは、山県の傀儡《かいらい》との意味です。

昭和五十七（一九八二）年に発足した第一次中曽根《なかそね》（康弘《やすひろ》）内閣も、田中角栄《たなかかくえい》元首相の力添えが大きかったため、「田中曽根《たなかそね》内閣」と言われました。しかし、中曽根は田中と生まれ年も同じですし、派閥の領袖として両者は対等です。いっぽう、桂は山県の子分であり、年齢も一〇歳ほど離れています。第一次桂内閣はかなり軽く見られていたのです。

ところが、この内閣は日英同盟を締結し、日露戦争を勝ち抜き、結果的に一内閣としては憲政史上最長となりました（図9）。発足当初、誰もそのような華々しい成果を予想してい

図9　内閣の長期ランキング

順位	内閣	日数	期間
1	第1次桂太郎内閣	1681日	1901年6月2日～1906年1月7日
2	第2次伊藤博文内閣	1485日	1892年8月8日～1896年8月31日
3	第3次吉田茂内閣	1353日	1949年2月16日～1952年10月30日
4	第2次桂太郎内閣	1143日	1908年7月14日～1911年8月30日
5	原敬内閣	1133日	1918年9月29日～1921年11月4日
6	第2次池田勇人内閣	1097日	1960年12月8日～1963年12月9日
7	第2次佐藤栄作内閣	1063日	1967年2月17日～1970年1月14日
8	第3次安倍晋三内閣	1044日	2014年12月24日～2017年11月1日
9	東條英機内閣	1009日	1941年10月18日～1944年7月22日
10	第2次中曽根康弘内閣	939日	1983年12月27日～1986年7月22日

ませんでしたが。

当時は軽く見られた閣僚たちも、実は人材ばかりです。山本権兵衛、清浦奎吾、寺内正毅と、のちの総理大臣が三人も入っています。加えて、日露戦争で活躍する児玉源太郎、条約改正を成し遂げ、日露講和条約（ポーツマス条約）を結ぶ小村寿太郎もいます。

さらに、一般的な知名度は低いですが、菊池大麓は数学者・理学博士であり、東京帝国大学総長。曾禰荒助・内海忠勝・平田東助・芳川顕正は、のちに官界の長老です。

軍と政治の関係

桂は内閣を組織するにあたり、次の四カ条の政綱を定めています。

一、商工業を発達させる
二、海軍の拡張
三、独力で東洋の大局に当たるのは困難なので、イギリスとの協定を締結する
四、韓国の保護国化

これらは、すべて対露戦への備えを意味していますが、どこにも「ロシア」の文字はありません。なぜなら、公《おおやけ》に発する政綱で「ロシアと戦う」と書く馬鹿はいませんから。

ところで、前述のように、第二次山県内閣は「軍部大臣現役武官制」を制定し、陸海軍大臣は現役武官でなければならないとしましたが、逆に、軍人（現役）はその他の大臣に就けない規定になっていました。しかし、山県をはじめ、退役せずに現役のまま首相や大臣になっている者もいます。このときの桂も陸軍大将のまま、総理大臣になっています。

これにはカラクリがあり、天皇の特旨によって軍人が大臣になることが可能だったのです。そして、戦前の内閣の約半数は、現役軍人が首相を務めました。つまり、「例外」が通則のようになっていたのです（永井和『近代日本の軍部と政治』）。

もっとも、日露戦争時、陸軍の重要決定に関する会議に桂が出席していたことについて、

統帥権の独立が侵《おか》されるとの危惧《きぐ》が、陸軍内部にはあったようです。

たとえば、児玉源太郎は「桂大将が総理大臣の資格を捨てて、陸軍大将としてかれこれ述べるのは軍律上よくない。野津《のづ》〔道貫《みちつら》〕、佐久間《さくま》〔左馬太《さまた》〕、山口《やまぐち》〔素臣《もとおみ》〕もみな大将だ。彼らもまた同様に大将として諸説を述べたら参謀総長の職など不要だ」などと述べています（谷壽夫『機密日露戦史 新装版』。〔 〕内は倉山、以下〔 〕は同様）。

なぜ、軍人は現役でいたがるのでしょうか。それは、首相など大臣就任後も軍に対して影響力を行使できるからです。それに対して、予備役・後備役は「外部」の人であり、軍の情報を共有できません。しかも戦前の軍隊では、現在の自衛隊とは比較にならないほど、予備役、後備役を軽んじる雰囲気がありました。

ちなみに、帝国憲法下では、現役の軍人には選挙権がなく、予備役・後備役には選挙権があります。つまり、政治活動ができます。それもあって、現役軍人からは「政治活動をするような二線級の人」と下に見られるのです。実際、現役では使いものにならなくなった者が在郷軍人会などに入り、政治活動をするケースがありました。この現役優位意識が背景としてあるのです。

また、もし陸軍が造反して大臣を出してくれないと組閣ができず、総辞職せざるを得なくなります。しかし、現役であれば、自分で陸相を兼任できます。では、海軍が造反したときにはどうするのか。

実は、制度的には陸軍軍人が海軍大臣に就任することも可能です。「軍部大臣」は「現役の武官」であればいいのであって、それは陸軍だろうが海軍だろうがかまいません。事実、陸海軍の草創期には、大山巌や西郷従道が両方の大臣を経験しています。しかし、その後、陸海軍が縦割り官庁化していくと、そんなことは許されない空気が生まれ、陸軍大臣は陸軍から、海軍大臣は海軍から出るのが慣行となっていきました。

日英同盟へ――通説の誤りを正す

明治三十四（一九〇一）年、日本の行く末に大きな影響を与える日英同盟交渉が本格的に始まります。

イギリスも外交方針転換期にあり、七月中旬に駐日公使マクドナルドがイギリス側の同盟構想を明らかにします。これを受けて、桂は八月三～四日、伊藤博文と意見交換をし、五日に曾禰外相とも話し合ったうえで、林董駐英公使に交渉開始の訓令を発します（『桂太郎自伝』）。

通説では「伊藤博文は日露協商派、山県有朋・桂太郎は日英同盟派であり、両者は対立していたが、桂は伊藤の反対を押し切って日英同盟に踏み切った」となっています。伊藤がロシアで日露協商の交渉をしているときに日英同盟の話がまとまるので、このような説がまことしやかに囁《ささや》かれるのですが、違います。両者は対立などしていません。合意のもと、役割分担をしているのです。最近の研究では、桂が日英同盟における自分の功績を強調したために、この説が有力になったのではないかと言われています。

元老のなかで伊藤が筆頭であり、山県は二番目という格づけは、自他共に認めるところです。伊藤・山県が一致して賛成したら、止める人は誰もいません。「できることなら日英同盟が望ましい」という山県側の主張が正論であることは、伊藤もわかっています。わかったうえでの役回りです。

つまり、元老筆頭の伊藤は、最後から二番目にきれいごとを言い続けなければいけない立場なのです。なお、最後まできれいごとを言わなければならないのは天皇です。

伊藤は九月十八日に外遊に出ます。政友会総裁ですが、党内の仕事は幹部連中が片づけるので、伊藤はヒマです。そして、アメリカ経由でロシアに行きます。イェール大学創立二〇〇周年祝賀式に出席するための渡米でしたが、ヨーロッパに足を延《の》ばしてロシアとの交渉に臨みます。イギリスの態度が曖昧なので、ロシアとも交渉を行なう。外交の世界でダブルディーリングはあたりまえです。

十月十六日、林公使がランズダウン外相と公式交渉を始めます。ランズダウンは同盟におおむね肯定的ですが、明確な言質は取れません。日本には死活問題ですが、イギリスはそこまで切迫していません。ロシアへの「嫌がらせの道具」に日本を使いたいのですから、ギリギリまで買い叩くわけです。

十一月六日、イギリス政府の同盟条約案がランズダウンから手渡されます。その裏では、小村寿太郎が駐日公使マクドナルドに「私どもはイギリスと同盟を結びたいのですが、あなたがたがそのような態度だと、伊藤というやっかいな人がいまして」と駆け引きをしていました。

桂と小村は日英同盟交渉の一部始終を閣議に、そして天皇に報告します。天皇は、すべてを伊藤に諮問《しもん》するよう命じます。通説のように、伊藤が日英同盟に反対なら、伊藤に連絡する必要はありません。

私が三〇年ほど前に読んだ『学研まんが 日本の歴史13 日清・日露の戦い 明治時代・後期』では、桂が日英同盟を結んだことに対して、伊藤が頭を抱えている様子が描かれています。しかし、事実は、十一月中旬に伊藤は林駐英公使から進捗《しんちょく》状況を聞いており、おおむね同意しています。そして、「ロシアの反応も見なければならないから、あちらから返事があるまではやめておけ」と言うのです。

桂は、伊藤に「ロシアとは意見交換にとどめ、まちがっても協商など提案しないようにお願いします」と釘《くぎ》を刺しています。

交渉の舞台裏で

伊藤博文がロシアと交渉していることを察知したイギリスは、焦《あせ》ります。

十一月二十八日、政府は日英同盟修正案を閣議決定します。同日、伊藤はニコライ二世を訪問し、ラムスドルフ外相やウィッテ蔵相と日露協商の交渉を始めます。

十二月六日、伊藤が桂に電報で「日英同盟締結以後となると、ロシアとの協和をなすことが不可能だ」と早急な締結を訴えます（小林『桂太郎』）。大事なのは、これが電報であることです。電報は盗まれることが前提です。伊藤は日英同盟の進捗状況を知っているわけですから、これは「盗んでくれ」と解釈すべきです。もし、日露協商を急ぐなら、ロシアに行く前に桂ら政府とで合意してから行くはずです。しかし、それをしていません。

当初から、誰もが「できることなら日英同盟がいい。それが無理なら日露の関係改善を」と思っていました。そして今、不可能と思われていた日英同盟が現実のものとなろうとしている。この状況で、電報の文面を文字通りに受け取ってはいけません。

案の定、翌七日、元老会議では日英同盟の修正案を承認し、締結を決定しました。

桂は、伊藤に「日露交渉はもうあきらめてください」と言う役割を、井上馨に依頼します。これは、対立関係にある山県ではだめですし、格下の桂自身でもうまくいきません。かといって、実質的な決定ですから、明治天皇にお願いするわけにもいかない。伊藤の盟友である井上が適任なのです。

元老筆頭の伊藤が日露協商のためにロシアに行ったのに、それをお役御免にするのですから、念には念を入れ、桂と小村は明治天皇に「伊藤さんがこう言っているのですが、どうでしょうか」とお伺いを立てます。もちろん、明治天皇が「伊藤の言う通りにしろ」と言ったら大問題ですが、言わないことはわかっています。

そして「天皇陛下がおっしゃるので、日英同盟ですね」と、伊藤を納得させる。元老より上は天皇しかいません。くどいようですが、天皇に何を言われようが従う義務はありません。ただし、権威はあります。

維新第一世代の元老など多数の〝小姑《こじゆうと》〟を抱えた第二世代の桂にとって、彼らを抑えるには天皇を利用するのが手っ取り早い方法でした。もっとも、明治時代はそれで通りましたが、大正時代には顰蹙《ひんしゆく》を買い、非難されることになりますが。

また、桂は上を使うにしても下を使うにしても、その人の特性をよくつかんで使っています。「人たらし」であると同時に、「人使い」もうまい。もっとも、元老たちにしても、納得がいかないことには従いません。承諾するのは、正しいと認めているからです。

桂ら日本政府は、ロシアには「元老筆頭の伊藤をそちらに送ったのですよ。あなたがたの決定が遅いから日英同盟になったのです」と言い訳をします。実のところ、ロシアが遅かったというより、イギリスが早かったのですが。この間合いと根回しこそ、ニコポン桂の真骨頂です。

十二月十二日、林公使がイギリス外相に日英同盟修正案を提案しました。

金がなくては、外交も戦争もできぬ

第一次桂内閣は発足当初から財政危機を抱えており、政友会は行政改革を求めていました。桂はアメリカでの公債募集が成功すれば、財源を捻出できるだろうと考えます。

しかし、日英同盟交渉が始まった明治三十四（一九〇一）年十月、アメリカでの公債募集に失敗。金の切れ目が縁の切れ目とばかりに、政友会は倒閣に動き出します。政友会の代議士、特に党人派はバラマキをしてくれないと納得しませんから。

では、どうやって補塡《ほてん》するか。桂は閣議で「辞職するしかない」と漏《も》らしますが、それが各閣僚を発奮させ、陸軍省を含む各省が一致協力して財源を捻出しました。そして、同年の予算実行はもとより、翌年の予算も何とかメドをつけたのです（『桂太郎自伝』）。

十二月二十一日、予算の組み替えをして、日本の財政が大丈夫であることを発信します。資金がないと戦争ができないので、イギリスも同盟を結んでくれなくなります。

同日、明治天皇は「内閣組織以来、閣員一致協同、未だ嘗《かつ》て政府の機密外に漏洩《ろうえい》せしを聞かず、全く指揮の宜《よろ》しきに由《よ》る所なるべし、将来益々《ますます》協同一致し、内閣の基礎を鞏《きよう》固《こ》ならしむべし」と、桂にお褒めの言葉を述べられています（『明治天皇紀』第十）。

十二月二十三日、伊藤みずからがロシアに交渉打ち切りを通告します。これはロシアに言い訳をする役回りですが、政府主流派ではないけれど元老筆頭であるという伊藤の立場は、うってつけです。桂の人選は、最後まで完璧でした。

桂らが必死に捻出した予算も、十二月に開催した議会では、尾崎行雄らによってイチャモンがつけられます。とはいえ、政友会に昔日《せきじつ》の勢いはありません。リーダーの星亨は六月に死亡し、総裁の伊藤は外遊中。さらに、政友会の約三〇人を桂が切り崩し、実質的な過半数割れに追い込んでいました。そのため、十二月二十五日に妥協が成立します。

年が明けて明治三十五（一九〇二）年一月三十日、日英同盟がロンドンで調印されました。二月十二日、桂首相は貴族院で、小村外相は衆議院で演説し、日英同盟成立を報告すると、盛大な拍手が起こります。かの大英帝国と手を組んだということは、日本が大国の仲間入りをしたに等しいと、与野党問わず誰もが喜んだのです。

イギリスの思惑

ここで改めて、日英同盟の意味を考えてみましょう。

一八一五年のウィーン会議のころ、イギリスは「光栄ある孤立」にありました。ロシア・オーストリア・プロイセンが神聖同盟を結んだとき、老練なフランスの外相タレーランはイギリスに同盟を提案しますが、若き外相パーマストンは「同盟など、わずらわしいものを結ぶ気はない」と一蹴《いっしゅう》。絶頂期の大英帝国はそれほど強かったのです。

その後、ウィーン体制が動揺し、ビスマルクがドイツを統一し、ドイツ中心の国際秩序ができあがります。そんな独墺伊三国同盟と露仏同盟がにらみ合うヨーロッパ情勢のなかでも、イギリスは「光栄ある孤立」を貫《つらぬ》きます。

実際にイギリスは、海軍力第二位フランスと第三位ロシアを同時に敵に回しても勝てる、圧倒的な軍事力を持っていました。いわゆる「二国標準主義」です。さらに、第一位の経済大国でもあります。

イギリスにとって、日本は江戸時代も明治維新以後も「国」の数に入っていません。東アジアでは清国以外は「国」ではない。日本など朝鮮どころか琉球と同列です。その清国ですら、ヨーロッパの列強に食い物にされている状態です。「その他大勢」のひとつである日本など、視界に入っていません。

日清戦争直前に日英通商航海条約を結び、領事裁判権が撤廃され、日本に関税自主権の一部回復がなりますが、これは「日本にも保険をかけておこうか」というレベルの話です。日本が日清戦争に勝利すると、イギリスにようやく「国」として認められました。さらに、義和団事件で八カ国共同出兵の主力として働いたことで、一目置かれます。

こうして、ズバ抜けた経済力・軍事力、そして外交力によって世界を支配しているプライドが超高いイギリスと、着々と実力をつけ、認知度を上げてきた新興国・日本が同盟を結びました。
もちろん、ボーア戦争で疲弊し、ドイツの台頭にも押されつつあり、遠い極東でロシアとは直接戦えないイギリスに、日本という〝番犬〟が欲しかったというのも事実です。さらに、同盟内容も極東限定でした。それでも、世界一の強国であるイギリスと日本が同盟を結んだことは政府の大手柄であり、面目躍如です。

同盟における「中立」とは

日英同盟の内容を一言で言えば、「日露が一騎打ちのときは、イギリスは中立を保つ」。この場合の「中立」とは、国際法上の宣戦布告をして交戦国になること以外は味方として便宜をはかる。つまり、武器をとって戦う以外のすべての援助を行なうことを意味しています。モラルサポートにとどまる純粋な中立ではなく、事実上は積極的な加勢です。具体的な条文を見てみましょう。

日英同盟
第一条　両締約国は相互に清国および韓国の独立を承認し、該《がい》二国いずれにおいても全然侵略的趨向《すうこう》に制せられないことを声明する。しかし、両締約国の特別の利益に鑑《かんが》み、即《すなわ》ち、その利益であるイギリスにとっては主として清国に関し、また、日本にとってはその清国において有する利益に加えて、韓国において政治上ならびに商業上および工業上、格段に利益を有するをもって、両締約国はもし右等利益にして別国の侵略的行動により、もしくは清国または韓国において両締約国いずれかその臣民の生命および財産を保護するため干渉を要すべき騒擾《そうじょう》の発生によって侵迫された場合には両締約国いずれも該利益を擁護するため必要欠くべからざる措置を執り得べきことを承認する。

第二条　もし日本またはイギリスの一方が上記各自の利益を防護する上において別国と戦端を開くに至ったときは、他の一方の締約国は厳正中立を守り、あわせて、その同盟国に対して他国が交戦に加わるのを防ぐことに努めなければならない。

第三条　上記の場合において、もし他の一国または数国が該同盟国に対して交戦に加わるときは、他の締約国は来て援助を与え協同戦闘に当たらなければならない。講和もまた該同盟国と相互合意の上において為《な》さなければならない。

第四条　両締約国はいずれも他の一方と協議を経ずに他国と上記の利益を害するような別

約をしないことを約定する。

第五条　日本もしくはイギリスにおいて上記の利益が危殆《きたい》に迫ったと認めるときは、両国政府は相互に充分にかつ隔意なく通告しなければならない。

第六条　本協約は調印の日より直《ただ》ちに実施し、該期日より五カ年間効力を有するものとする。もし右五カ年の終了に至る十二カ月前に締約国のいずれよりも本協約を廃止する意思を通告しないときは、本協約は締約国の一方が破棄の意思を表示したる当日より一カ年の終了に至るまでは引続き効力を有するものとする。しかし、右終了期日に至り同盟国の一方が現に交戦中のときは、本同盟は講和結了に至るまで当然継続するものとする。

ただ、この問題は日英同盟だけ見ていても意味がありません。露仏同盟も同じ内容です。ヨーロッパでは日英同盟と露仏同盟が向き合っており、ロシアにフランスや清国などが助太刀《すけだち》してきたら、イギリスが加勢します。しかし、ロシアと一対一で戦っている日本にイギリスが加勢したら、フランスを呼び込むことになり、日本有利どころか、世界大戦になってしまいます。そうなって喜ぶのは、ドイツだけです。

言い換えれば、同盟の力点は「一騎打ちのときに味方にならない」ではなく、第三国を介入させないことにより、心置きなく「一騎打ちさせてくれる」ところにあります。これは、日本が袋叩きにならないための同盟なのです。

日英同盟を「中立条約と同盟条約の中間形態」と主張する人がいますが、まちがいです。その方は「好意的中立」がわかっていません。本当の中立は、両方の味方になることではなく、両方の敵になることです。日英同盟は同盟であり、「中立」と「同盟」の中間ではありません。そして、第三条の通り、敵が加勢に来たら一緒に戦うのですから、完全な軍事同盟条約です。

先取りしますが、明治三十七（一九〇四）年二月に日露戦争が始まると、四月に英仏協商が結ばれました。英仏どちらかがはずみで日露戦争に加入しないようにしたわけです。どちらかが日露戦争に加勢したら、もういっぽうは戦わなければなりません。しかし、日英vs.露仏の戦争は世界大戦であり、それを避けるために英仏は協定を結んだのです。これこそ中立条約です。

ただし、イギリスが日本を応援してロシアの邪魔をするとか、フランスがロシアの応援をして日本の邪魔をするのは見逃す。もちろん、それは表に出しません。英仏協商の建前は

「植民地での争いを終わらせる」ですから。

フランスは「ドイツ憎し」でロシアと同盟を結んでいるのであり、極東のことなど本当はどうでもいい。日露対決に関しては、完全に腰が引けています。イギリスはロシアと敵対しているので、東だろうが西だろうが、それを抑える勢力には喜んで加担します。このような国際関係を念頭に入れて考えると、日英同盟の「同盟性」がはっきりします。

イギリスは当初、日本がロシアに勝てるはずがないと思い、極東の猟犬として嫌がらせぐらいにはなるだろうと、わが国を軽視していたのは事実です。日本の元老や桂らにも、それはわかっています。それでも、日英同盟があるとないとでは大違いです。列強諸国を抑えて戦争の拡大を防ぎ、世界一の大国から戦闘以外の協力を得る。これ以上はないという周辺固め、外交によるコントロールです。あとは自国の問題です。

なお、日英同盟締結の功により、二月二十七日に桂は伯爵を授かっています。

政友会の抵抗

明治三十五（一九〇二）年四月八日、ロシアが三期に分けて満洲から撤兵するとした「露清満洲撤兵協約（満洲還付条約）」が結ばれます。日本が「日英同盟の効果だ！」と思ったのもつかのま、撤兵したのは最初だけ、二期目からは撤兵どころか兵力を増強しています。日英同盟が成立しても、抑止効果にはならず、ロシアの南下は続いたのです。

六月十四日、日本は義和団事件の講和条件付帯議定書に調印します。賠償金が得られたので、財政的に一息つくことができました。

日英同盟の付属文書では、日英両国に「できるかぎり極東の海上において、いかなる第三国の海軍よりも優勢な海軍を集合しうるように維持するよう努める」よう定めています。つまり、海軍を拡張しなければならない。これは、同盟があるからしなければならないのではなく、日本の安全保障のためにも努力しなければなりません。

七月、政友会は「日英同盟があるのだから、海軍拡張は不要」と過激な行政改革案を出しますが、桂は握り潰します。

八月十日、第七回衆議院議員総選挙が行なわれます。これは任期満了にともなうものであり、しかも日英同盟の祝賀ムードのなか対決姿勢のない選挙でしたが、結果は政友会が過半数を占めます。日英同盟という成果があるために倒閣はされませんが、国内政治が安定しているとは言えない状況で、桂内閣と政友会は緊張関係にありました。

十月、ロンドンで額面五〇〇〇万円の公債を発行します。これは、日英同盟の経済的効果です。その勢いで桂は十月、地租増徴継続案、海軍拡張案を閣議決定します。

しかし十一月末、政友会総裁・伊藤博文は「地租増徴継続、反対」と言い出し、議会召集直前の十二月四日、政友会・憲政本党が地租増徴継続反対を決議します。衆議院の第一党・第二党の党首である伊藤と大隈が結び、衆議院のほぼすべてが野党という状態になってしまいました。日英同盟の祝賀ムードがここで消えます。

桂は、山県に「国家の元勲（伊藤）と大政党の首領大隈から対抗を受け、実に名誉この上ないことです。武職においては、しばしば戦死の覚悟をしましたが、政事においてこのような強敵に対抗しようとは、世の中は思わぬことが起こるものです。心中快くさえ覚えます」（徳富『公爵桂太郎伝』坤巻）と強気の書簡を送っています。

しかし、議会では地租増徴継続案が否決され、桂は十二月二十八日、衆議院を解散。日英同盟で政治的自信をつけていたこともあり、強気に出れば、伊藤や議員が妥協してくると考えていたようです。ところが、その読みは外れ、議員の切り崩しに失敗します。

伊藤博文を一本釣り

しかし、ここからが桂の本領発揮です。翌明治三十六（一九〇三）年正月早々、桂は伊藤を家に招き入れ、口説くのです。明治から昭和にかけて活躍したジャーナリスト前田蓮山《まえだれんざん》の『政変物語』から要約・紹介します。

――葉山《はやま》にご避寒中の皇太子殿下を伊藤が訪問するとの報に接し、桂もまた葉山に行く。伊藤が桂宅に来れば脈がある、来なければ伊藤に妥協の意思はない、そう考えたのです。はたして一月二日の夕刻、伊藤が玄関から叫びます。

「桂おるか、桂おるか」

桂は飛んで出て、伊藤を迎えます。酒を出し、可那子夫人が一曲奏《かな》でてもてなします。伊藤は「長雲閣《ちょううんかく》　為桂相国　伊藤博文」と揮毫《きごう》するなど、上機嫌です。そして、長州藩時代の昔話から、明治十四年の政変で薩長合同で大隈を追放したこと、憲法制定、日清戦争と半世紀間、共に戦ってきたことを語り合いました。

突然、桂は改まると、次のように切り出します。

「今度は誠に申し訳ない。閣下の政友会を解散するなどということは心苦しかったけれども、やむにやまれぬ意地となって……」

「あまりに乱暴じゃないか。いったいどうするつもりじゃ」

とはいえ、伊藤はまんざらでもない様子です。そして「わかった、わかった、何とか円満にやろうじゃないか」とうなずく。二人は一夜を楽しく語り明かして別れた。――

「長雲閣」とは桂の別荘の名で、伊藤が命名したものです。明治三十四（一九〇一）年八月四日に伊藤が立ち寄り、日英同盟について論じた場所でもあります。

このときの伊藤との話題は、「明治十四年の政変で大隈重信を一緒に追い出しましたね」です。伊藤（政友会）は大隈（憲政本党）と提携していたはずですが、長州同士の絆《きずな》のほうがはるかに深く、桂は情に訴えたのです。そして「あのときは、閣下の手足となって動かせていただきました」と下手に出ると、伊藤はすっかり軟化してしまいました。

桂は、伊藤相手に金や利権で買収したりしません。酒と思い出話と土下座です。平謝りに謝ったのです。

もちろん、政治は情だけでは動きません。一月、桂は曾禰蔵相と財政計画を練り直します。増税せずに海軍拡張費には鉄道建設費をあて、鉄道建設費は公債でまかなう修正案を示し、妥協が成立しやすいようにしました。ただし、この時点ではこの案は秘密であり、伊藤も政友会幹部に漏らしていません。

衆議院の過半数を占める政友会を切り崩せなかった。解散しても、次の選挙での勝ち目はない。それで、桂は伊藤を一本釣りしたわけです。これがのちのち、政友会内部の変化をもたらします。

脱党者が続出した政友会

明治三十六（一九〇三）年三月一日、第八回衆議院議員総選挙が行なわれますが、議席はほとんど変わりません。

伊藤博文ひとりが桂と妥協している状態で、伊藤の下の西園寺公望・原敬・松田正久ら政友会幹部も、桂の下の官僚たちも密約の存在を知りません。その結果、警視総監の大浦兼武が買収などによって代議士を籠絡しようと活動し始めます。桂が大浦に命じていると誤解した伊藤は一時、態度を硬化させますが、桂は「私ではありません。信じてください」と伊藤を宥《なだ》めます。こうなると、もはや妥協を公表するしかありません。

四月二十一日、桂首相・小村外相・山県有朋・伊藤博文は、京都の山県の別荘・無鄰菴《むりんあん》で対露策を協議します。満洲に関してはロシアの優越を認めるが、朝鮮は日本の優越を認めさせる、いわゆる「満韓交換論」です。

この会議は、伊藤が桂・山県と表立って会える方法でもありました。伊藤は政友会総裁として政府と対立している立場ですから、首相の桂と会うわけにはいきません。実際には密会しているわけですが、それが明るみに出たらすべてが水の泡です。だから、堂々と表で会う。そのための大義名分がロシア問題だったのです。国内問題ではなく、外交問題で意見するために元老として出席した。それなら、政友会の代議士たちも、文句は言えませんから。

四月二十五日に伊藤は上京し、政友会幹部を集めて「桂内閣と妥協すべきである」と表明します。同日の原敬の日記には、「伊藤が、政府は政友会の主張を容《い》れ、増税せずに他の方法で海軍拡張費の財源を計画するというので、この上はなるべく衝突を避けて妥協しようと言った」とあります（原奎一郎編『原敬日記』）。

勘の鋭《するど》い原はすべてを理解しており、「このような妥協は伊藤が桂に泣きつかれた結果に違いないが、党内に軟弱者が多いから動揺する恐れがある」と考えます。そして、「わかりました。伊藤さんの顔は立てます。今回は、私も下の者をまとめるお手伝いをしましょう」と引き下がりながら、「しかし、あまり勝手なことをしてもらっては困ります。わかっていらっしゃいますね」と、総裁専制を終わらせるのです。

対露戦に備えて海軍を拡張せざるを得ないのは、原にもわかっています。わかったうえで条件闘争をしかけているのです。原は利権が欲しい。増税せずに公債でまかなうのなら問題ない。しかも、政府から修正案を提案してきた。さらに伊藤が一本釣りされて、それを呑んだ。この状況を原は利用し、焼け太りしたわけです。

伊藤もまた、わかっています。ここは自分が一本釣りされることで、国家として必要な海軍拡張を実現する。ただし、政府には財源を捻出させて増税を撤回させ、政友会の顔を立てる。そういう役回りをあえて演じているのです。それで、原や松田に権力が移るなら、それはかまわない。

いっぽう、政友会のなかには直情径行の幹部もいて、尾崎行雄などは「こんなもの、呑めるか！」と脱党します。桂ほど相手の心理操作に長《た》けていない伊藤は、尾崎に対して買収を試み、かえって軽蔑され、引き止めることはできませんでした。脱党の流れは止まらず、政友会は数カ月のうちに五一人、除名も含めると約六〇人の議員を失います（立憲政友会史編纂部編『立憲政友会史』第貳巻）。解散に至った地方支部もありました。

総裁専制が崩れたということは、原の発言権が増すことを意味しますから、伊藤との密約にもかかわらず、政友会は約束に従いません。桂は、伊東巳代治あての書簡で「原は実に油断のならない人物だ」と書いています（千葉『桂太郎発書翰集』）。しかし、桂は粘りに粘り、結果的に五月三十日に海軍拡張案は可決されます。

急速に力を失った伊藤博文

桂も山県有朋も、このような政治運営をよしとはしていません。特に、政党嫌いの山県は、伊藤博文が政友会総裁であることが気に入りません。二人で、伊藤の枢密院議長への棚上げを画策します。枢密院は重要法案の審査をする、天皇の最高諮問機関です。その議長ですから、権威はあります。いっぽう、衆議院の過半数を占めている政友会総裁には、政治的実権があります。

明治三十六（一九〇三）年七月一日、桂は病気を理由に辞表を提出します。明治天皇は「病気だったら休めばいいではないか」と辞表は留《と》め置かれます。山県と松方正義が元老として宮中に召されると、彼らは「ロシアが迫っている今、わが国は危険な状況にあり、内閣交代などできません。桂が一生懸命にロシア問題に取り組んでいるのに、伊藤が政友会総裁として邪魔をしています」などと悪口を言上したうえで、「伊藤には枢密院議長にでもなってもらい、そのような弊害を防がなければなりません」と腹案を出します。

七月六日、明治天皇は伊藤に「枢密院議長をやる気はないか」と問います。伊藤は桂らにハメられていることがわかっていますから、躊躇します。

原敬は翌日、伊藤参内の内容を西園寺公望から聞き、日記に「伊藤を枢密院に入れることは山県や桂の陰謀だ。伊藤を政友会から引き離し、政友会を潰す気なのだ。そして、好き勝手に国政を操るつもりなのだ。宮中を取り込み、なんて汚い手を使うのだろう。上は天皇陛下を欺《あざむ》き下は国家を私有専断しようとするもので、憲政のために憂《うれ》うべきものだ」と記しています（『原敬日記』）。

とはいえ、政友会は多くの脱党者が出た直後です。その後、脱党の流れは落ち着いていましたが、下手に動くと、また総崩れを起こしかねません。山県・桂の狙いは、まさにそこにあります。

七月十三日、伊藤は枢密院議長に就任し、政友会総裁を辞任します。後任には腹心の西園寺を推薦し、山県と松方を枢密顧問官にします。枢密顧問官は、枢密院の平《ひら》委員です。「山県と松方は俺の下だぞ。それでもいいなら引き受けてやる」というわけです。桂に恩を着せつつ、山県・松方を自分の下に置く。これは単なるプライドの問題ではありません。このまま黙って棚上げにされたら、元老筆頭ではなくなりますから、その後の政治活動に影響が出ます。伊藤も押さえるところは押さえているわけです。

伊藤は第四次伊藤内閣の失態以降、急速に力を失い、そして今回、政友会総裁の職も辞すこととなりました。対して、山県は死ぬまで政治力を保ち続けます。伊藤は明治四十二（一九〇九）年にハルビンで暗殺されますが、生きていたとしても、山県に凌駕《りょうが》された状態が続いたでしょう。山県にすれば、自分が実力で伊藤を上回ったと思ったから、枢密顧問官を引き受けたのです。

図10　日露開戦前の国際情勢（1903年7月）

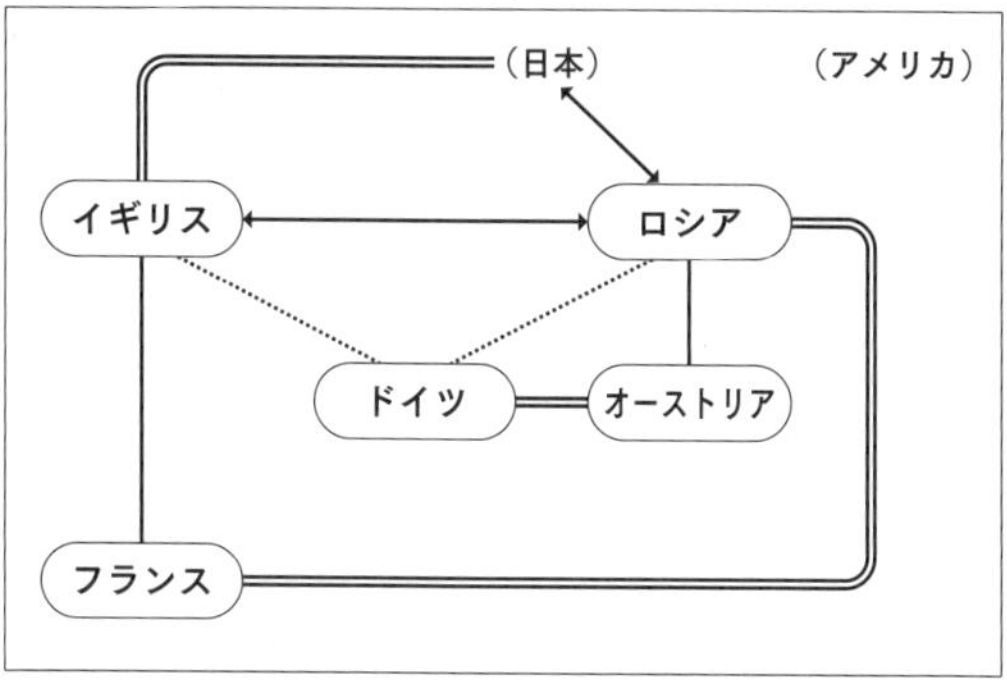

原と松田正久は、桂・山県による切り崩し工作を防ぎ、政友会は致命的な打撃をこうむるには至りませんでした。こうして、予算は通ったものの、桂と政友会は緊張関係のまま〝痛み分け〟となったのです。

開戦前年、英仏の接近

ここで、国際情勢を確認しておきます（図10）。明治三十六（一九〇三）年七月時点で、世界は日英同盟・露仏同盟・独墺《どくおう》同盟の三陣営に分かれています。このころから、アメリカが重要な地位を占めるようになります。ただし、まだ大国ではありません。

極東では、日露の対立が抜き差しならないところまできています。日英独同盟を言い出したのはドイツでしたが、言い出しておいてスッと消えました。ロシアと戦うリスクを負わないため、そして日英同盟と露仏同盟に潰し合いをさせるためです。とはいえ、ドイツは、英露双方とそれなりに友好関係を保っています。

いっぽう、それまで世界中で対立してきた英仏ですが、日露の対立が日に日に激化するなか、巻き込まれるのを避けようと、急速に関係改善をはかります。

この時点のヨーロッパ情勢で、日本とかかわりがあるのは、ロシアとオーストリアの妥協です。バルカン半島で対立してきた両者が手を組むことは、東アジアで南下してきているロシアが、さらに積極的に出てくることを意味します。

それを知った外務大臣の小村寿太郎は四月八日、ロシアの首都サンクトペテルブルク（のちにペトログラード、レニングラードを経て現・サンクトペテルブルク）の栗野《くりの》慎一郎《しんいちろう》駐露公使に次のような英文電報を打ちます。

"Regarding Macedonian question you are hereby instructed to carefully watch course of events and report in time on the development of the affairs that may be of interest to us."

（マケドニア問題の趨勢《すうせい》を注意深く観察し、わが国にとって利害関係のある事態の進展があるときは遅滞なく報告せよ）

図11　日露開戦前の国内情勢（1903年）

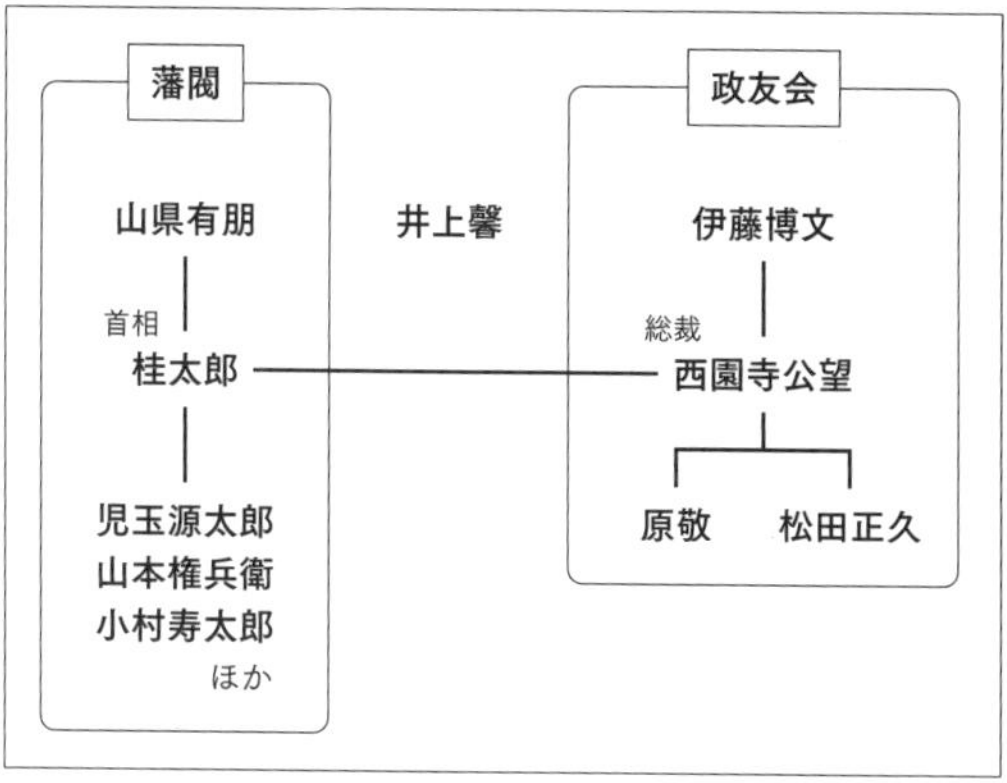

この電報は、アジア歴史資料センターのサイトで現物を閲覧できます。「明治三十六年四月八日栗野在露公使宛《あて》小村外務大臣英文公電第一二七号」（外務省外交史料館1.4.3.『巴爾幹半島紛争問題一件』第一ノ二巻、レファレンスコード B03041257000）

内閣改造と戦時体制

国内政治の勢力図も確認しておきましょう（図11）。

日露戦争開戦の前年である明治三十六（一九〇三）年には、元老のうち黒田清隆と西郷従道はすでに没しています。大山巌は日露戦争時に満洲軍総司令官を務めますが、政治からは常に一歩も二歩も引いています。毎度失敗の松方正義は、もの数ではありません。というわけで、薩摩閥は政治的に全滅です。

長州閥は山県有朋・井上馨・伊藤博文が健在ですが、井上は一匹狼で派閥を持ちませんし、伊藤は枢密院議長に棚上げになっています。

表舞台で肩書をともなって実際に動いているのは、その下の維新第二世代です。総理大臣が桂太郎、対する政友会総裁は西園寺公望。桂の下には小村寿太郎・児玉源太郎・山本権兵衛らがあり、西園寺の下には原敬・松田正久がいます。西園寺は公家であり、桂（長州藩出身）の下に山本（薩摩藩出身）がいるなど、もはや薩摩閥対長州閥、あるいは薩長のバランスを考える時代ではなくなっています。藩閥と政友会が二大勢力です。

この時期、対露関係の緊張よりも重要な問題はありません。政府にとって、海軍拡張＝財源＝議会対策（政友会対策）です。

七月、内閣改造が行なわれ、九月にも人事異動があります。山県色を薄め、桂系で固めたのです。具体的には小村外相、山本海相、曾禰蔵相は留任、陸相の児玉源太郎は内相に横滑り、後任の陸相には寺内正毅が就任します。

そして懸案の予算作成ですが、予算査定案を各省に事前に諮《はか》ることをやめ、異議は閣議で議論することにします。つまり、大蔵省の権限を強化しました（小林『桂太郎』）。これは、戦時体制を考えてのことです。そして七月二十八日、桂は日露の直接交渉を始めます。

絶望的な日露交渉

ここで、ロシア側の事情についてお話ししておきます。

「皇帝ニコライ二世をはじめサンクトペテルブルクの政治指導者たちは、日本と戦争するつもりなどなかった」との説が根強くあり、「日露戦争は避けられたのであって、日本側に問題がある」などと述べる論者もいます。自虐史観、ここに極まれりです。

また、ロシア人が日本人のことを「猿」呼ばわりしていた話が伝わっていますが、それはロシア人一般ではなく、極東総督アレクセーエフです。彼は、日本人を人間と思っていませんし、ハンティングの対象でしかありません。

確かに、サンクトペテルブルクにも、のちのポーツマス講和会議で全権を務めるウィッテなど慎重論者もいました。日露戦争には反対で皇帝を宥《なだ》める役でしたが、皇帝やその側近に疎《うと》まれて、一九〇三年八月に蔵相を罷免され失脚します。その他、戦争に否定的な人たちは政治的立場が弱く、強硬派を止めることができません。

ウィッテの回想記には「開戦数カ月前にもロシアの軍事当局は、まだ日本との戦争はありえないものだと考えていた」とありますが（大竹博吉訳『ウィッテ伯回想記 日露戦争と露西亜革命』上）、それは「準備ができていない」というだけです。

戦闘が実際に開始された一九〇四年二月八日のニコライ二世の日記には「ロシア側から攻撃をしかけないという決定を下した」とありますが（保田孝一『最後のロシア皇帝ニコライ二世の日記』）、これは単なる時間稼ぎです。その日のロシアの御前会議では、アレクセーエフに次の電報を送る決定をしています。

「日本軍がロシア軍に軍事行動を開始しないとしても、アレクセーエフは朝鮮半島西岸では三八度線以北への日本軍の上陸を認めてはならない。南朝鮮とソウルへの上陸は認めてよい。また朝鮮半島東岸への上陸も認めてよい。さらに日本軍が北朝鮮へ進撃しても、ただちに軍事行動の開始とは考えないで、それを認めてよい」（保田『最後のロシア皇帝ニコライ二世の日記』）。

実に余裕です。仮に小国日本が攻めてきても、本気を出せばすぐに取り返せると思っています。日本がどれほどおびえているかに、無神経なのです。

一九〇三年のロシアの動きを年表にまとめてみます。

五月　　　　ロシアが韓国領に軍事拠点を建設開始
八月十二日　ロシアが旅順に極東総督府を新設。栗野駐露公使が日露協定案を提示
十月三日　　日露協定に関するロシア側の対案が届く
　六日　　　小村外相と駐日ロシア公使ローゼンの間で交渉開始
　　　　　　ロシア第三期撤兵を実行せず、軍をむしろ増強
　三十日　　日本側、さらなる対案を提出
十二月十一日　ロシア側の対案到着

日本は八月に日露協定案をロシアに提示していますが、ロシアから返事が来たのは二カ月後の十月三日。しかも、満韓交換どころか、日本の韓国における優越を否認する内容です。ロシアにすれば、日清戦争後の一八九六年に朝鮮国王・高宗《こうそう》がロシア公使館内に亡命して政務を執った「露館播遷《ろかんはせん》」事件があったように、朝鮮は自分たちの縄張りだと思っています。

ですから、ロシアが日本と交渉する姿勢を見せているのは、時間稼ぎ以外の何物でもありません。桂も元老たちも大臣も軍高官も、全員が焦ります。桂の敵はロシアだけではありま

せん。国内でも、衆議院第一党（政友会）と第二党（憲政本党）が提携し、対決姿勢全開でした。

謎の奉答文《ほうとうぶん》事件

日本の強硬派の頭山満《とうやまみつる》らは明治三十六（一九〇三）年八月九日、対露同志会を結成。発会式の決議では「露国に撤兵条約を履行させ、清国に満洲解放を決行させ、東亜永遠の平和を確保するのは、帝国の天職である！」と絶叫しました。

彼らは、しばしば政府高官を訪問して叱咤激励していました。十一月に頭山が桂を訪ねたときのこと、桂は「ロシアに対して満韓交換などということはけっしていたしません。私は肉体の頭を下げても、精神の頭は下げません」と答えます（升味準之輔『日本政党史論』第三巻）。言葉は仰々《ぎようぎよう》しく芝居がかっていますが、まったく心がこもっていません。適当にあしらったわけです。

十二月十日、奇妙な事件が起こります。毎年開かれる議会開会日には天皇陛下がお越しになるので勅語《ちよくご》を賜《たまわ》り、それに対して貴衆両院議長がそれぞれ奉答文を読み上げ、議決します。これは形式的なもので、内容は当たり障《さわ》りのないものです。どうせいつも通りだろうと代議士たちはまじめに聞いておらず、そのまま議決してしまいました。

ところが、この奉答文には政府弾劾《だんがい》の文言が入っていました。そこで、桂は翌日に衆議院を解散するのです。いわゆる奉答文事件です。

「衆議院議長の河野《こうの》広中《ひろなか》が対外硬派と共謀した」「議員の秋山定輔《あきやまさだすけ》がロシアから買収された」などさまざまな説がありますが、真相はわかっていません。ただ、この日、衆議院に本来いるべきなのにいなかった人がいます。原敬です。たまたま出張中でした。

衆議院は解散され、代議士はいなくなります。衆議院の解散とは、代議士全員の身分を失わせることです。現在は解散から一カ月後には選挙ができますが、当時は交通の便が悪く、代議士のお国入りは年に一回あるかないか。解散となると、次の選挙までに三カ月ほどかかります。十二月十一日に解散した時点で、対露交渉は進行中であり、翌年二月には日露開戦です。その間、衆議院には誰もいません。つまり、邪魔する人はいない。内政問題は消滅し、対露問題に集中できます。

前後の文脈を考えるなら、原が桂と組んで行なった陰謀劇であるとも考えられます。しかし、事件の真相など探る必要はありません。決定的な史料が出るまで特定できませんから。

大事なことは事件の真相よりも、原がこの場におらず、桂が状況をうまく利用したことです。これは、日本の運命に決定的な影響を与えました。

その後、桂は戦費調達の外債計画を進めます。しかし、イギリス政府に支払保証を拒否されます。イギリスは日本が勝つとは思っていなかったのです。続く苦境に、桂の胃はキリキリと痛みます。

ロシアに最後通告を突きつける

明けて明治三十七(一九〇四)年一月、日露交渉は継続しています。開戦までの緊迫の一カ月間を見てみましょう。

一月六日　ロシア政府の対案が到着
　八日　桂首相・小村外相・寺内陸相・山本海相、ロシアに提出する修正案を協議。その後に桂が四〇度の発熱、二週間ほど伏せる
十二日　御前会議で対露交渉における日本側最終案を決定
二十二日　桂が病から回復し、官邸に戻る
二十四日　修正案(ロシア側が反対すれば開戦との内容を含む)を、元老含む閣議で決

定

二十八日　主要銀行の代表を集め、軍費調達への協力を要請

二月三日　首相官邸に元老および主要閣僚が集まり、開戦に合意

四日　御前会議で露交渉を打ち切り、開戦を正式に決定

六日　ロシア政府に最後通告

日露戦争における桂の仕事は、戦争目的を達成することに尽きます。徳富蘇峰は次のように書いています。

「作戦計画、戦闘および軍務は参謀総長、軍令部長、陸海軍の将帥《しょうすい》ならびに当局者にまかせ、桂は首相として、いかに戦局の目的を達すべきか、また、いかにして戦勝の効果を収めるべきかに留意し、人心の統一をはかり、挙国一致の実現を期するについて最善の努力をした」（徳富『公爵桂太郎伝』坤巻）。御用評論家・徳富の同書は常に桂をベタ褒めで気持ち悪いのですが、ここは素直に受け取っていいでしょう。

桂は必要とあれば大本営に赴き、意見を述べますが、基本的に軍事に口を出しません。児玉源太郎は、先輩であり良好な関係にある桂でも、首相に口出しされるのを嫌がります。の

ちの統帥権の独立につながるような問題ですが、桂は政治と軍事を混同しません。みずからは政治に専念し、対外政策・財政問題・治安維持を職分と心得ていました。

開戦直前から講和の準備

日露戦争のことを、「第〇《ゼロ》次世界大戦」と呼ぶ人がいます。確かに、日本もロシアも他国と同盟を結んでいますから、わずかなボタンの掛け違いで世界戦争になる可能性もありました。

日露戦争が勃発した時点で、国際情勢に微妙な変化が生じます（図12）。独墺同盟は、日露戦争に関しては中立です。ドイツはこの戦争に巻き込まれる危険性はありませんから、高みの見物ができます。いっぽう、英仏は巻き込まれてはかなわないので、日露戦争開戦の二カ月後の四月に英仏協商を締結します。ロシアのニコライ二世がバルチック艦隊の出撃を決定したころです。

一九〇三年の構図（149ページの図10）からの大きな変更は、この英仏協商です。また、日英・露仏の両陣営に結びついていたドイツが、今やどことも結びつかず、安全といえば安全ですが、ヨーロッパで孤立しているところもポイントです。

図12　日露開戦時の国際情勢（1904年2月）

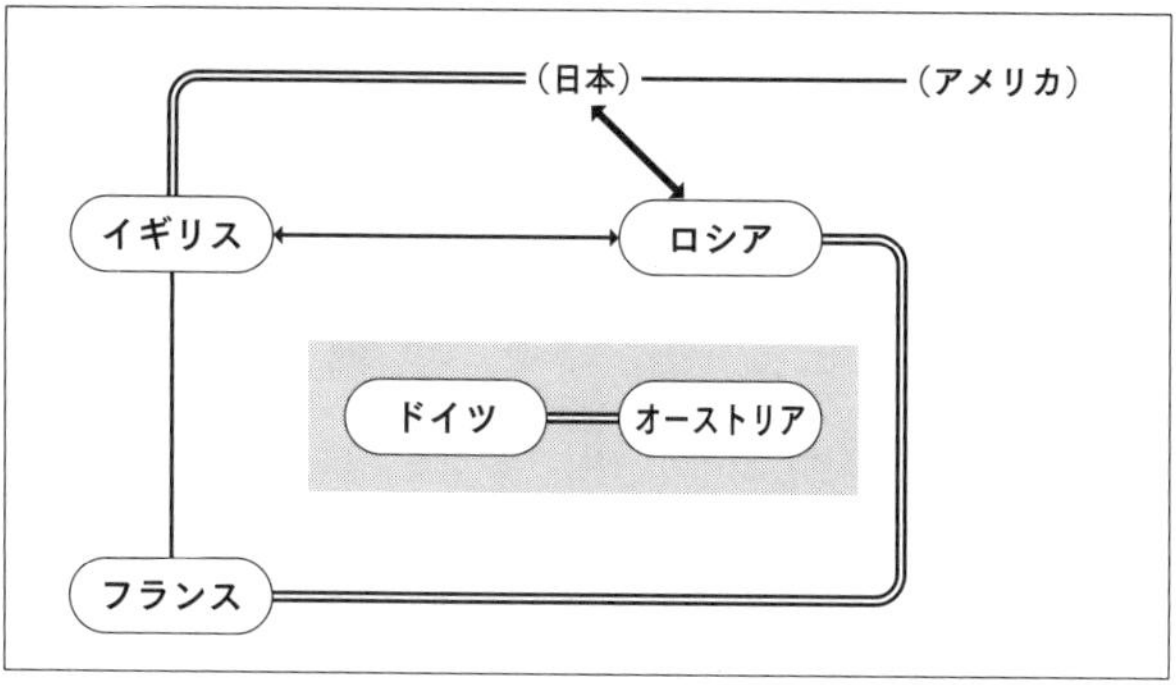

いっぽう、国内では元老も軍の高官も、絶望的な思いで戦争に臨んでいました。元老筆頭の伊藤博文は「ロシア軍が大挙して九州海岸に来襲したら、みずから武器をとって奮闘するだろう。軍人が全滅しても、博文は一歩も敵を国内に入れない覚悟である。兵はみな死に、艦はみな沈むかもしれない」と悲壮な覚悟です。

陸軍参謀本部次長・児玉源太郎は「今のところは五分五分だから、私はこれを四分六分にしようと苦心している。そこで五度は勝報、五度は敗報の電報を受け取る覚悟でいてくれ」と述べ、海軍大臣・山本権兵衛は「まず、日本軍艦は半分は沈没させる覚悟だ」と言っています。共に悲観的です（谷『機密日露戦史 新装版』）。

幸い、日本は軍事的に勝利を続けます。しかも、同盟国のイギリスは、ロシアに対して世界中で戦闘行為以外のあらゆる嫌がらせをしてくれました。

たとえば、ロシア艦隊をイギリス領に寄港させません。インド洋ではロシアの友好国が少なく、水・食料・石炭の補給に苦しみます。ロシアの同盟国フランスは「局外中立」なので、戦時国際法に従えば、領海内に二四時間以上ロシア艦隊をとどめられません。フランスはイギリスに倣《なら》い、国際法を遵守しています。これは英仏協商の効果です。

日本は、勝った勢いで講和に持ち込むしかありませんが、和平交渉を仲介してくれる国が必要です。では、どの国がいいのか。

イギリスは日本の、フランスはロシアの同盟国なので仲介できません。「厳正中立」のドイツが妥当ですが、信用ならないので頼みたくない。そこで白羽の矢を立てたのが、アメリカです。その後の歴史から、英米は関係が深いから中立にならないと考えられた読者もいるかもしれませんが、それはまちがいです。

アメリカはイギリスと戦争をして独立した国ですから、両国は本来とてつもなく仲が悪いのです。この時期に「英米は血の一体だ」というスローガンが現れますが、これは逆説的に見れば、仲が悪いから言わねばならないのです。本当に一体化しているイギリスとカナダの関係を「英加は一体だ」とは誰も言いません。英米の関係が緊密になるのは、第二次世界大戦時のウィンストン・チャーチル以後です。

逆に米露関係は良好です。伊藤博文が金子堅太郎に、渡米して日本への助力を頼むよう依頼したとき、金子は当初、次の理由を挙げて断わっています。

南北戦争でロシアが北軍に援助しなかったら、敗北に終わったことは明らかである。アメリカはロシアから絶大な恩義を受けた。アメリカの富豪は、だいたいロシアの貴族と姻戚関係がある。よって、アメリカ国民の同情心を日本に引くのは困難である。アメリカにとってロシアは大切な顧客である。交際上、財政上、経済上、政治上あらゆる方面でロシアと深い関係があり、ロシアの軍需品はアメリカから援助を仰ぐことが多かった。したがって、アメリカをロシアから引き離すことはとうてい不可能だ（谷『機密日露戦史　新装版』）。

ただアメリカにも、日露戦争の講和仲介はメリットがあります。当時のアメリカは地域大国ではあっても、ヨーロッパの大国と戦って勝利したことはありません。一八九八年の米西戦争でスペインに勝利していますが、そのときのスペインは落ちぶれた小国です。大国どうしの講和を仲介するのは、みずからも大国であることの証《あかし》です。世界におけるみずからの地位を高める絶好のチャンスなのです。

講和仲介依頼の方針は、日本政府の総意です。政友会側には伊藤博文と外相経験者の西園寺公望総裁だけに伝え、何を言い出すかわからない原敬には伝えません。総裁である西園寺に伝えておけば、政友会を無視したことにはなりません。桂の根回しです。

ついに開戦

では、日本はどのように戦い、勝利をつかもうとしたのでしょうか。

日本列島に上陸されるのは最悪です。その一歩手前の朝鮮半島陥落は、日本が存続できなくなるに等しい状況です。だから、日露交渉の最終局面で、満韓交換論を大幅に譲歩して「北緯三九度線より南には来ないでくれ」としたのです。それでも、ロシアに拒否されたために戦争になりました。日露戦争とは、言わば「三九度線以南にロシアを来させないための戦争」です。

そのためには、まず日本海から黄海《こうかい》にかけての制海権を確保しなければなりません。そうでなければ、朝鮮半島・大陸に兵を送り込むことができませんから。最初に行なったのが、旅順口閉塞《へいそく》作戦です。機雷によって戦艦二隻が沈む悲劇がありましたが、戦略的には成功します。

明治三十七（一九〇四）年二月八日、連合艦隊がロシア艦隊を攻撃し、陸軍の先遣部隊が仁川《じんせん》に上陸。翌日には漢城《かんじょう》（現・ソウル）を制圧しています。そこから北上して平壌に進み、南満洲に乗り込んでいけば、つまり三九度線より北方で戦い勝利すれば、三九度線を守ることができます。実際、陸戦では連勝続きでした。

二月十日、日本はロシアに宣戦布告し、翌日には宮中に大本営が設置されています。首相である桂の役割は、外交と戦費捻出と人心安定です。二月二十三日に日韓議定書を調印します。これは枢密院に事前に諮らずに調印したため、副議長らが不満を天皇に訴えましたが、議長の伊藤博文が同調しなかったので、大事には至りませんでした。

三月一日、戦争の最中に総選挙がありました。同月半ばに議会が開かれますが、挙国一致で支援してくれます。自由民権派の流れを汲《く》む政党人たちは、戦争が始まると邪魔しない習性があります。

同じ三月、参謀本部の大山巌と児玉源太郎が陸軍大総督府を編成しようとしましたが、桂は山県有朋を使って、黙らせます。これは一種のクーデタです。児玉は高く評価されることが多いですが、実態は昭和の愚かな陸軍軍人のようなセクショナリズムも持ち合わせているのです。

五月、日本は、イギリスで六分利付《りつき》英貨公債一〇〇〇万ポンドを、英米で半分ずつ募集することに成功します（第一回募集）。戦費のメドがようやく立ったわけですが、六月十七日には大阪の百三十銀行で取り付け騒ぎが起きます。桂は日本銀行に低利融資させて、収束させます。

以上、枢密院のゴタゴタに陸軍のクーデタもどき、はては取り付け騒ぎまで、いずれも大事に至らなかった事件は後世すっかり忘れ去られていますが、教科書には書かれない、さまざまな問題が日露戦争中にもあったこと、それをすべて桂は抑え切ったこと、もし失敗していたら戦争遂行に支障をきたしていたことを特記しておきます。

桂と東條英機の違い

その間も戦闘は続き、日本は勝利を重ねていきます。八月十日、連合艦隊は黄海海戦でロシア艦隊を撃破。九月四日には遼陽《りょうよう》が陥落しますが、旅順はなかなか落ちません。

桂は九月末に後藤新平に書簡を送り、「旅順は極東の重鎮、遼陽は南満洲における要衝の地。この二つの戦闘で勝てば、戦闘の段階においては比類がない。しかし、戦闘と戦争は根本より異なるもので、たとえ戦闘で勝利を収めても、戦争の局面にさしたる影響はない。わが国の商工業社会の者や浅薄な政事屋連中の情勢を見ると、旅順・遼陽ですべてが終わるかのように思っている。不心得もはなはだしい」と、戦争を安易にとらえる風潮を憂慮しています（千葉『桂太郎発書翰集』）。

さらに、「ロシアの主戦論者は主張を曲げたら、その権勢は地に落ち、世界の笑い者になる。この難題を顧《かえり》みず、内部を改革し外政略を変更するようなことができる人材は現在のロシアにはいない。ロシアは戦場において挫《くじ》けるのではなく、国内で政事の局面を一変し、当局者の更迭があってはじめて講和を請いうる状態になる」（千葉『桂太郎発書翰集』）と、洞察しています。実に冷静であり、高い識見を有していることがわかります。

大東亜戦争における東條英機《とうじょうひでき》は、緒戦の勝利に舞い上がりましたが、桂は苦悩しています。戦闘の勝利をつかむのは軍人の仕事ですが、それを戦争の勝利に結びつけるのは自分だけの役割であることがわかっているのです。

原敬との密約

桂は十月ごろから、政友会との提携工作を開始します（小林『桂太郎』）。その結果、十一月末の政友会大会で、総裁・西園寺公望はさらなる戦費負担（増税）を容認します。ちなみに、同日の憲政本党大会では、大隈重信が増税拒否演説を行なっています。

そして十二月八日、桂と原敬の秘密交渉が始まります。そして、戦時中は内閣を替えない、戦後も提携する、もしくは西園寺を総理大臣にすることが決まりました。原は「戦争に協力しているのだから、勝ったら政友会に政権をよこせ」ですが、桂にすれば「辞任する」と明言したとたんに求心力を失いますから、意図的に曖昧な結論にしています。あくまで政権譲渡の「可能性」があると匂《にお》わせただけです。

交渉内容を知っていたのは、政府側では桂以外は曾禰荒助蔵相と山本権兵衛海相のみ、政友会側では西園寺・原・松田正久だけでした。桂は、山県有朋にも伏せています。

原の日記には、桂がすでに三月の議会閉会直後から、原に接近してきたことが記されていますから、急に交渉を始めたわけではありません。また、密談の一カ月前に桂は西園寺を訪れて協力を要請しています。ただし、提携や密約など深い話にはなりませんでした（『原敬日記』）。

明けて明治三十八（一九〇五）年一月一日、旅順のロシア軍が降伏します。三月には、奉《ほう》天《てん》会戦にも勝利を収めます。しかし、ロシア軍主力の撃滅はならず、日本軍は兵員、武器、弾薬、物資が底をついていました。

満洲軍総司令官の大山巌は勝利に酔うことなく、「もう戦えない。今後は政治が決めてくれ」との報告書を参謀総長の山県に送っています。前年六月に大山は満洲に赴き、空いた参謀総長の椅子には山県が座りました。元老たちも、指揮官として奮闘しています。

同月末には、四分半利付英貨公債三〇〇〇万ポンドを募集します（第三回募集）。勝利を重ねているため、条件が良くなっています。

山県は桂に意見書を送付し、本格的な戦闘はもはや不可能であるとの認識を示します。ここまで全戦全勝だったけれども、ロシアは強大な兵力が控えているのに対して、日本は限界にきていますし、兵站の延長にも無理がありました。

四月七日、元老および主要閣僚会議が開かれ、講和および戦争継続について検討します。翌八日には閣議で講和を決定します。

このときバルチック艦隊が日本に向かっていました。この時点では、ロシアは講和に乗ってこない。残念ながら、まだ和平を持ちかけられません。バルチック艦隊との戦闘いかんによっては、戦争がさらに数年続く可能性もあるわけです。

そのためには勝っている今を選んで、韓国に対する保護国化の強化をはからねばなりません。具体的には、外交権の接収です。朝鮮が約束を破って清国やロシアに媚《こ》びたことで、日本がどれほど苦しんだかを考えれば当然でしょう。これを「桂は自衛と言いながら、朝鮮を植民地にした侵略主義者だ」と言う人がいますが、前述の、日本の地政学的リスクを理解していません。

いっぽう、負けたときのことも考えて、イギリスと同盟継続交渉をしています。四月八日の閣議決定事項は、あらゆる事態を想定して考え出されています。

四月中旬、桂は原と第二回目の密談を行なっています。「たとえ戦争に勝利を収めても国民が納得するような形にはならないだろうから、何らかの約束をしてくれないと、政友会としては国民に雷同するしかない」と脅す原に対して、桂は「自分は辞めて、戦後は西園寺を首相に奏薦《そうせん》する」と明言するのです（『原敬日記』）。

この期《ご》におよんで、日本の運命を取引材料にする原に対し、桂は「首相の椅子をくれてやるから、戦争に協力してくれ」と抑えているのです。

怒声を発した児玉源太郎と冷静な桂

明治三十八（一九〇五）年四月二十一日の閣議で、講和条件が決定されます。絶対的必要条件が「日本の韓国支配権」「日露両軍の満洲からの撤兵」「日本の関東州租借権」「ロシア保有のハルビン―旅順間鉄道の経営権譲渡」であり、相対的必要条件が「軍費賠償」「樺太《からふと》割譲」でした。

これらを見れば、桂たちが勝利に酔って戦争目的を見失うようなことはなかったことがわかります。この戦争の目的は、ロシアに北緯三九度線より南に来させないことでした。ですから、賠償金や領土はもらえればそれに越したことはありませんが、基本的にはどうでもいいことなのです。

結局、ポーツマス講和会議では日露両国の満洲撤兵は実現せず、明治四十（一九〇七）年の日露協商で南満洲を日本、北満洲をロシアの勢力圏と認め合うこととなりました。絶対的必要条件も、国益が著《いちじる》しく損《そこ》なわれない程度において修正可能です。

外務省編纂の『小村外交史』には、講和条件に軍費賠償の一条があることを知った児玉源太郎が「桂の馬鹿が償金を取る気になっているっ」と怒鳴ったとあります（外務省編『小村外交史』）。

発言の正確性はともかく、現場の雰囲気は伝わってきます。同書は続けて、「聡明な桂が償金がもらえると確信していたとは思えない。けれども、はじめから償金の一条を掲げないというのは、当時の情勢上許されなかった。わが国が犠牲に供《きょう》した経費と人命は莫大なもので、この要求を全然提出しないようなことはとうてい許されなかった」としています（外務省『小村外交史』）。確かに、その通りです。

五月十七日、イギリスのランズダウン外相は、日英同盟のインドへの拡張と攻守同盟化（後述の第二次日英同盟）を林董駐英公使に提議してきました。世界各地にある植民地と利権の防衛はコスト的にも負担が大きいから〝アジアの番犬〟を使おうというわけです。ずいぶんと虫のいい話ですが、ロシアの復讐戦に備えねばならない日本にとっても悪い話ではありません。

高平小五郎の知られざる功績

五月二十七日、奇跡が起きます。各地でイギリスに嫌がらせを受けてきたバルチック艦隊はヘトヘトになって対馬《つしま》海峡に来ましたが、待ちかまえていた帝国海軍と日本海海戦を戦い、海の藻屑《もくず》と消えるのです。東郷平八郎《とうごうへいはちろう》連合艦隊司令長官の神業《かみわざ》的な采配《さいはい》によるパーフェクトゲームであり、史上最高の艦隊決戦です。

東郷を「東洋のネルソン」と呼ぶ人がいますが、自虐がすぎます。イギリスのネルソン提督はナポレオン戦争におけるトラファルガー海戦で勝利し、フランス軍のブリテン島上陸を阻止しましたが、ナポレオン戦争はその後七年も続いています。決戦とは「その戦闘の勝利によって講和に持ち込む戦闘」を指しますから、トラファルガー海戦はその範疇《はんちゅう》ではありません。いっぽう、ロシアが講和のテーブルに着かざるを得ないほどの戦果を挙げた日本海海戦は、文句なしの決戦です。

日本は間髪《かんはつ》を容《い》れずに六月一日、高平小五郎駐米公使が動き、大統領のセオドア・ローズヴェルト（大東亜戦争時の大統領フランクリン・ローズヴェルトとは遠縁にあたる）に講和仲介を依頼します。

ローズヴェルトは九日に、日本と同時にロシアへ講和勧告してくれます。もちろん、ここではじめてお願いしたわけではありません。高平は開戦前からローズヴェルトと信頼関係を築き、戦争中も和平仲介を依頼できるよう工作していました。

日本政府は、長期の戦争に耐えられないことを自覚しており、開戦を決定したときから早期講和を考えていました。イギリスには伊藤博文の娘婿・末松謙澄《すえまつけんちょう》を、アメリカにはローズヴェルト大統領とハーバード大学で同級生だった金子堅太郎を特使として派遣。日本に友好的な世論を形成して、対露講和を有利に導こうとしていました。

二人は共に有名ですが、実は、講和の下準備で功《こう》があったのは高平です。裏で地味な活動を担い、金子に花をもたせる役回りをはたしました。高平は、司馬遼太郎の『坂の上の雲』では無能のように描かれていますが、本来高く評価されてしかるべき人物です。

私は外務省外交史料館にある「1門」と呼ばれる主要外交文書の簿冊をすべて見たのですが、高平の仕事ぶりは控えめで堅実です。高平に関しては、郷土史家の平野恵一《ひらのけいいち》さんが著書等を残しておられるので、参考にしてください。

六月十九日、ポーツマス講和会議の日本全権が小村外相に決定します。桂は当初、全権に伊藤と小村を考えていたようですが、伊藤は固辞（千葉『桂太郎』）。桂は伊藤が断わることをわかっていて「アメリカに行ってくれますか」と聞いているのです。もちろん、本当に伊藤が行っても困りません。明治は人材が豊富であり、選択肢があった幸せな時代でした。

六月三十日、閣議で日本の講和条件を決定します。これは、バルチック艦隊を破る前の四月に決めたものと基本的に変わりません。桂ら日本政府は、完勝に舞い上がって条件を吊り上げるようなことはしないのです。

小村寿太郎の正当な評価

日露はアメリカの講和勧告を受け入れますが、戦闘は続いています。

七月七日、日本軍は南樺太に上陸し、月末までに樺太全土を占領します。講和における条件交渉を有利に進めるためです。樺太を押さえていたので、樺太南半分を獲得できたのです。戦争末期は条件交渉の材料を確保しようとするため、戦闘が激しくなり、もっとも死人が出るのが通例です。

その翌日、日本全権の小村寿太郎が出発します。万歳を叫ぶ民衆の声に送られるなか、小村は「帰って来るときには、人気はまるで反対でしょう」と桂に微笑《ほほえ》んだそうです（外務省『小村外交史』）。

重税に耐え、家族を失った国民の期待に沿う条件にならないことを、政府要人はわかっていました。兵員・物資・弾薬が尽き、戦争を継続できない状態にあることを敵に悟られないためには、味方である国民にも隠さねばならなかったのです。

ところで、小村を無能者呼ばわりする人がいます。講和交渉が大詰めを迎えたころ、ロシア全権ウィッテの質問「ロシアが仮にサハリン全島を日本に譲ったら、軍費要求を撤回するか」に、小村は「樺太を全部放棄することも、賠償金を全額放棄することもできない」と答えました。

ウィッテは、これをプロパガンダに使います。当初、日本に同情的だった世界のメディアがロシア側に寄りつつあるところだったので、よけいに「日本は金欲しさに戦争を続けようとしている」と非難されました。それで、「ここで手を打てば、樺太全島が手に入った」と言う人がいるのです。

しかし、外交は戦争と同様に、おたがいに失敗をしながら進めるものです。将棋や囲碁のように、全局面が見えるゲームではありません。持ち駒も相手の陣形も、時にはみずからの手駒や布陣もわからないなかで、予測しながら交渉しているのです。多くのことが明らかになった現在の視点で、「ロシアが樺太全島を譲るつもりだったことを見抜けなかった」と小村を批判するのは、不当にも程《ほど》があります。

そもそも、樺太島の獲得は、日本の戦争目的ではありません。日本は兵力も物資も尽きていることをいっさい漏らしませんでした。漏れた瞬間に講和会議は決裂し、ロシアは満洲から怒濤《どとう》のように攻め込んできたでしょう。情報を秘匿《ひとく》しきったこと、これだけで賞賛に値《あたい》します。

もし小村を無能扱いするなら、日本の事情を見抜けなかったウィッテはさらなる無能です。このような評価を「後知恵」と言います。

勝利――伊藤博文と祝杯

七月二十九日、日米間に桂・タフト協定が結ばれます。ポーツマス講和会議のロシア全権ウィッテがニューヨークに到着する数日前のことでした。内容は日本の朝鮮支配とアメリカのフィリピン支配を承認し合うものですが、この時点では秘密協定です。アメリカは中立国であり、ロシアにバレたら大顰蹙《だいひんしゅく》ではすまないので。

これによって、ロシアが朝鮮利権を主張するのをアメリカが抑えてくれます。もちろん、実際に軍事占領しているからできることです。

八月十日、いよいよポーツマス会議が開催となりました。その二日後には、第二次日英同盟がロンドンで調印されます。

桂はこのころ、政友会の原敬と密談しています。首相である桂の役割は政友会を抑えることであり、これは桂しかできません。第二回密談で政権の譲渡が決まります。「講和が成立したら、西園寺公望の都合で決めていい」としましたが、桂は条件を出しています。その条件とは「政党内閣を名乗るな」「憲政本党と連合するな」「黒幕ある代表者はだめ」です（『原敬日記』）。西園寺は、三つの条件を了承しています。

黒幕ある代表者とは誰でしょうか。ジャーナリストの前田蓮山は山本権兵衛と推測していますが、謎です（前田蓮山『原敬　三代宰相列伝』）。

さて、ポーツマス講和会議は最終局面で険悪な雰囲気になります。ウィッテは八月二十六日、帰り支度を始め、小村は談判中止やむなしとの電報を本国に送っています。

桂は当時、心労のためか体調が悪かったようです。食事を戻すようになり、主治医は胃がんではないかと案じたほどでした。しかし、桂は平然として、激務にあたります（『お鯉物語』）。

二十七日午後十一時、小村の電報が入電します。日本政府は、賠償金と領土割譲を放棄して講和するか、戦争を継続するかの決断を迫られます。延々議論の結果、二十八日未明、賠償金と領土割譲を放棄しても講和を成立させることに決定。同日午後、御前会議での正式決定となります。

この晩のことは、『お鯉物語』に詳しく描写されています。要約して紹介しましょう。

――桂は、伊藤博文・山県有朋・松方正義・井上薫ら元老、大山巌満洲軍総司令官、児玉源太郎満洲軍総参謀長、小村寿太郎外相と講和条件をめぐり、伊藤の枢密院官邸で会議をしていました。しかし、なかなか意見がまとまらないため、桂はいったん夜の十時すぎにお鯉宅に行き、いつになく不機嫌な様子で二階に上がりました。

すると十二時すぎ、けたたましく門を叩く者がいます。伊藤です。

「桂、おるか」

桂は階下へ急ぎます。あまりに急いだために蚊帳《かや》が引きずられて外れ、机の上の燭台《しょくだい》が倒れてしまいました。ろうそくの火が蚊帳に燃え移りましたが、お鯉が必死に消し、火事にはなりませんでした。下の座敷では、桂と伊藤が手を取り合い、泣いています。

「おまえの言う通りになったよ」と伊藤。

「本当か、松方も、大山も、他のみんなも承知したか」

顔を見合わせ、しばし無言の二人。

桂はお鯉に気づくと、「お照、ぶどう酒を持ってこい」と命じます。

二人は杯をぐっと飲み干すと、「よし行こう」。夜ふけの門を出ていきました。——

こうして日本の講和最終案が決定され、小村に打電されました。

第四章 近代史に輝く功績

——第二次桂内閣と桂園時代

第二次桂内閣時、執務中の桂（61歳）

日比谷焼打ち事件

明治三十八（一九〇五）年八月二十八日、日露講和条約の内容が報道されると、反対運動が広がり始めます。

九月一日ごろから、桂の愛妾・お鯉の家にも「怪しげな手紙」が舞い込んできました。「桂は国賊である」「来る金曜日までに必ずおまえの手で桂を殺せ」のほか、桂の写真に針を刺したものまでありました。彼女は四日の朝、まとめて官邸に持っていき「こんなものが」と見せると、桂は笑って机上を指差しました。そこには、同じような手紙が何層にも積み上がっていました（『お鯉物語』）。

講和会議は最終的に妥協がなり、九月一日に休戦議定書調印の運びとなります。同日、反対運動の影響を受けて、桂と原敬の密約を知らない憲政本党の幹部が、原と松田正久に「共に政府を攻撃しようではないか」と提携を申し込みます。しかし、原は「慎重に考えたい」と無視します（『原敬日記』）。

翌日、西園寺が代議士たちを相手に、次のように演説します。「開戦の第一の理由である満韓問題に関しては目的を達した。樺太は半分だけの割譲、賠償金は取れず、残念ではある。世間の不満もわかる。しかし、一歩まちがえれば、国家が外交的にも経済的にも危機に瀕《ひん》するという、その状況は開戦前と変わってはいない。わが党は冷静に内外の形勢を達観しよう」と（『立憲政友会史』第貳巻）。さすがに外務大臣経験者の西園寺、現状を理解しています。

九月五日、ついに日露講和条約（ポーツマス条約）が調印されるのです。賠償金は取れないものの、南樺太の割譲を受けます。絶対的必要条件は余裕でクリアし、問題となったのは比較的必要条件ですから、大成功です。

ところが、条約内容に怒った国民はその日のうちに暴れ出します。日比谷《ひびや》公園で講和反対集会が開かれ、警官と衝突した群衆は首相官邸、内相官邸、政府系新聞社などに押し寄せ、交番を破壊するなどの暴動に発展しました。日比谷焼打ち事件です。

お鯉の家も襲われています。お鯉と言っても、二代目お鯉（西園寺公望の愛妾）であり、桂の愛妾とは別人です。お鯉の名に敵愾心《てきがいしん》を持つ野次馬連中が家を釘づけにし、石油缶を積み重ねたのです。彼女は裏口から忍び出て助かるのですが、生涯でもっとも恐ろしい想い出として語り草にしています（『お鯉物語』）。

なお、これら講和反対運動に政友会は参加していませんし、原はその場にいません。提携密約は、講和後の治安維持にも役に立ったのです。

九月六日、事態を重く見た政府は、東京周辺に戒厳令を敷きます。十月十六日、新橋駅で帰国した小村を出迎えた桂は、山本権兵衛と共に小村を挟んで歩きます。撃つものあらば諸《もろ》共《とも》に倒れようとの意気込みでした(外務省『小村外交史』)。

日米関係の変化

ここで、ポーツマス条約が締結された直後の国際情勢を見てみます(図13)。

イギリス、フランス、ドイツ、オーストリア、ロシアに加えて、日本とアメリカも大国になりました。日露は小康状態に入りますが、日本はロシアの復讐に備えて警戒します。日本に余力がないことを知られるとひとたまりもありません。明治の指導者たちは、それを内外に隠し通しました。

いっぽう、日本を台頭しすぎと感じたアメリカが、一時的に友好的でなくなります。忘れてならないのは、日米両国が台湾・フィリピン間で国境を接していることです。国際的プレゼンスが増した日米両国は今や、国境を接する大国どうしの関係なのです。

「日本は日露戦争で勝ちすぎたため、英米アングロサクソンとユダヤを敵に回した」との歴史観がありますが、それは穿《うが》ちすぎです。アメリカが多少不機嫌になっているとはいえ、ア

図13 日露講和後の国際情勢（1905年10月）

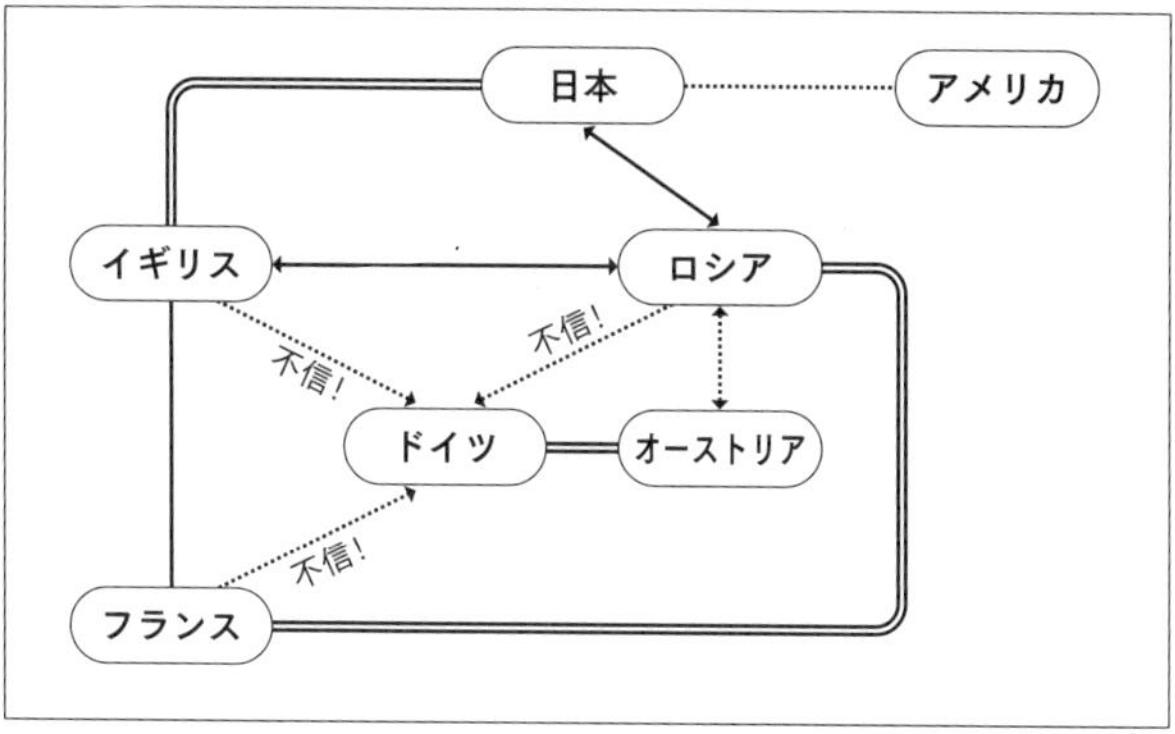

ングロサクソンもユダヤも、それほどヒマではありません。彼らにとって、満洲など極東の情勢より、はるかに大事な問題があります。

当時の世界の中心は翳《かげ》りが見えたとはいえ、やはりヨーロッパです。ロシアが極東での戦争を終えた、しかも負けたことはヨーロッパ情勢にも変化を与えます。ロシアとオーストリアの協定は日露戦争が終わってしまえば、ロシアにとっては無用の長物《ちょうぶつ》です。いっぽう、英露は依然として対立し、英仏は世界大戦に巻き込まれそうになったところです。冷静に考えれば、誰が陰謀を企《たくら》んだのかがわかります。

かくして、日露戦争の終結直後、英仏露三国はドイツに対して不信の目を向けます。ドイツは日英同盟とも露仏同盟とも距離を置き、自分だけ安全地帯にあって二股をかけ、さらに両者を煽ることもしていました。喧嘩していた者同士が仲直りすれば、両方から嫌われるのはあたりまえです。

こちらのほうが国際情勢にとって、満洲問題よりもはるかに重大な問題なのです。

ハリマン問題の実態

ポーツマス条約が調印される直前の八月三十一日、アメリカの鉄道王ハリマンが「満洲利権に一枚嚙《か》ませてくれ」と、ユダヤ人の富豪シフを連れて来日しました。シフは戦時中、日本公債の引き受けに尽力してくれた人物です。

日本は日露戦争に勝利し、南満洲を勢力圏としましたが、同地を経営するお金がありません。そこにシフが登場したのです。桂は、渡りに船と飛び乗ります。そして十月十二日、桂・ハリマン協定が結ばれ、鉄道の共同経営が計画されました。

しかし、帰国した小村寿太郎が強硬に反対し、二十三日には破棄通告をします。この一事を重大視して、「小村は経済がわかっておらず、アメリカを敵に回した愚か者」「ハリマンとうまくやっていれば太平洋戦争は起きなかった」などと言う人がいますが、それは短絡的すぎます。

ハリマンは成金、シフはユダヤ人であり、アメリカでは非主流派です。彼らと組んだら、モルガン財閥をはじめ、アメリカ財界の主流派を敵に回してしまいます。実際、モルガンとハリマンは角逐《かくちく》していました。モルガンはローズヴェルト大統領の大スポンサーで、ポーツマス会議でも小村に協力しました。小村の危惧は当然です。また、貧乏な日本にアメリカの巨大資本を導入したら、満洲を売り渡すことになりかねません。

仮にハリマンを呼び込み、満鉄の経営を日米共同で行なっていたとしましょう。いつまでうまくいくのでしょうか。

第一次世界大戦直前にアメリカ大統領に就任したウィルソンは国際連盟を提唱しながら、当《とう》のアメリカは加盟しませんでした。彼は、狂人として世界の秩序をかき乱しましたが（小著『嘘だらけの日米近現代史』『ウェストファリア体制』）、アジアでも大迷惑をかけます。

一例を挙げましょう。辛亥《しんがい》革命で混乱していた大陸情勢を安定化させるため、日英仏露米独による六カ国借款《しゃっかん》団が共同出資を行なうプロジェクトがありました。ウィルソンはこれを壊しています。ちなみに、他の五カ国はあきれはてています。

どうすれば日米戦争は避けられたのかとの問題意識を持つのはよいのですが、日露戦争から日米開戦までの三五年の歴史のなかで、ウィルソンとハリマンでは比重が違いすぎます。

仮にハリマンとうまくいっていたとしても（それすら危ないと判断されたのですが）、ウィルソンとうまくいく保証がない以上、成立しない議論なのです。

元老の衰えと桂園時代の到来

日露戦争が終わると、桂内閣の最優先課題は政権の円満な授受となります。

明治三十八（一九〇五）年十月六日、桂と原敬が首相官邸で内談。その結果、第一次桂内閣は、通常国会前に辞職することになりました。原は、「戦争のときは協力しましたよね。政友会は日比谷焼打ち事件にも加わりませんでした。今も野党との提携を断わって、義理をはたしています。だから、いいかげんに政権を譲ってください」と嫌味な恫喝《どうかつ》をしつこく続けたのです。

十月八日、政友会本部で在京代議士協議会が開かれます。そして、外交の失政に対して政府の責任を問うことを出席者七十余名が満場一致で決議し、総裁の西園寺公望に報告します。しかし密約がありますから、西園寺は「参考のため、聞いておく」とそっけない対応をするのです（『立憲政友会史』第貳巻）。

ここで、国内の勢力図を確認しておきましょう（図14）。元老の指導力は、第四次伊藤内閣のころから急速に衰《おとろ》えます。彼らは対外政策などには識見を有していても、国内では衆

図14　日露戦争後の国内情勢（1905年）

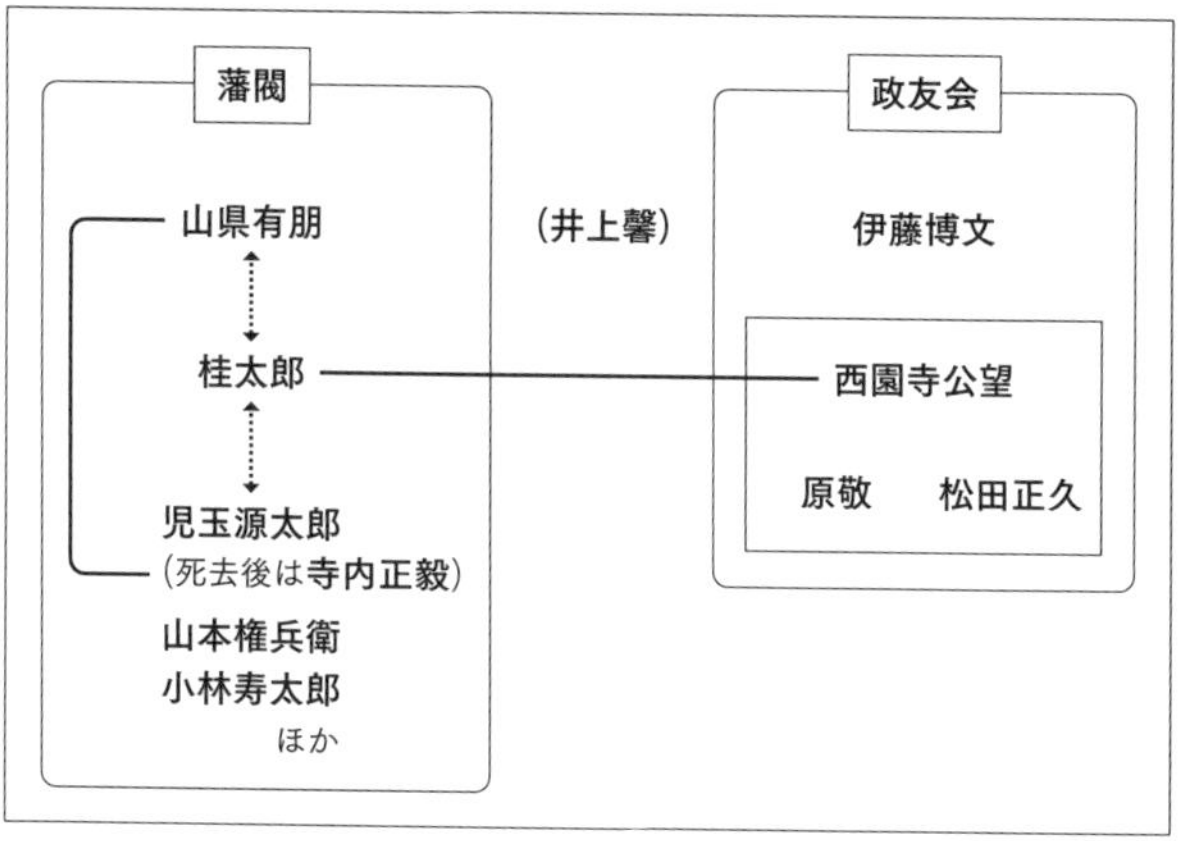

議院第一党の政友会に振り回されっぱなしです。今や、国内政治を動かしているのは、首相として長期政権を築いたのみならず、日露戦争に勝利した桂、そして政友会です。

政友会は、幹部三人（西園寺・原・松田正久）の寡頭制《かとうせい》でした。西園寺は実務を原にまかせ、原は西園寺を立てる。松田は二人が決めたことを党内に納得させる役回りです。そして、最重要問題である日露戦争後の政権授受は、桂・原の主導で話を進めてきました。

いっぽう、山県有朋と桂の藩閥側は、この時期から微妙なつばぜりあいを内包し始めます。桂は山県との距離を置き始め、山県もそれを感じて、自分の権力を維持して桂を退けるために、寺内正毅を持ち上げようとします。結果として、桂は上下から挟み撃ちにされる形になりました。

この権力闘争に勝つために、桂が重視したのは西園寺との個人的な提携です。桂は、信用できない実力者の原と、たがいの愛妾を同席させて宴会できる仲の西園寺を使い分けるのです。具体的には、政局は原に、安全保障・外交は西園寺に相談します。本当の信頼関係とは「おたがいに弱みを共有する」ことですが、桂と西園寺にもこれが当てはまります。

そんな桂と西園寺の二人ががっちり組み、おたがいに後継総理を推薦するので、「桂園時代」は、首相決定のための元老会議は開かれなくなりました。

栄光の総辞職へ

桂は首相を辞める直前まで、歴史的な仕事をしています。

明治三十八（一九〇五）年十一月十七日、第二次日韓協約に調印し、韓国の外交権を日本が掌握しました。

十二月二日には、日英両国間の公使館が大使館となります。実は第一次世界大戦前まで、大国同士しか大使を交換しませんでした。日本は、イギリスに公式に大国と認められたわけです。イギリスが認めれば、他の列強諸国も倣《なら》います。癸丑《きちゆう》以来の国難を、桂が打ち破ったのです。癸丑とは、ペリーが来航した嘉永六（一八五三）年のこと。当時の人は、同年の干支《えと》（十干十二支《じっかんじゅうにし》）から、「癸丑以来未曾有ノ国難」との表現を使っていました。

列強の脅威にさらされながら、必死に生き残りを模索し続けてきたのが、幕末以降の日本です。そして日露戦争に勝利し、世界最強の大英帝国に大国と認めさせた。まさに、歴史的偉業です。桂は、これをみずからの花道としました。そして十二月二十日、西園寺公望を後継首相に指名することとなります。

しかも、後継首班奏薦に際し「元老会議を開け」という明治天皇の意向を、桂は押し切っています（小林『桂太郎』）。天皇が何を言おうが、大臣が聞きたくなければ聞かない。立憲君主制とはそういうものです。さらに、翌二十一日には韓国に統監府を設置し、伊藤博文を初代統監として送り込みます。元老の影響力を排除しようとしたわけです。伊藤はすでに枢密院議長に祭り上げられていましたから、さらなる祭り上げです。

こうして、やるべきことをやった桂は同日、内閣総辞職します。桂が提出した辞表には「やむなく戦争になってしまったが、当初の目的を達して平和を回復し、日英同盟を更新し、日韓協約、日清協約を完結させ、戦後経営において重要な財政にもメドをつけた」と、輝かしい実績が並べられ、自信に満ち溢《あふ》れています。

ちなみに、桂は、原敬には総辞職の日程をギリギリまで教えませんでした。西園寺との約束を原には告げていませんし、西園寺もまた原に伝えませんでした。二人だけで談合していたのです。

桂は総辞職の表明後も、自分の業績リストに項目を追加します。二十二日の日清協約です。これは、ポーツマス条約によりロシアから得た満洲利権の引き継ぎに関して、清国と結んだ条約です。桂は、自分の外交路線を西園寺に引き継がせようとしたのです。

第一次西園寺内閣で「手伝人」

元老会議は首相を実質的に決定する機関ではなくなりましたが、元老会議そのものがなくなったわけではありません。元老会議は明治三十九（一九〇六）年一月六日、西園寺公望を後継総理として承認。西園寺は、組閣の大命を受けます。翌七日、第一次西園寺内閣が成立しました。

組閣には桂もかかわっており、一月四日の井上馨あて書簡では「西園寺とはしばしば面会し、ほとんど新内閣組織の手伝人であって、年末年始には多忙を極めた」とあります（千葉『桂太郎発書翰集』）。

桂が西園寺に提示した条件「政党内閣を名乗るな」の通り、政友会出身者は内務大臣の原敬と法務大臣の松田正久のみ。それ以外にも、桂の要望が反映されています。陸軍大臣は寺内正毅が留任。海軍大臣の斎藤実は、山本権兵衛の腹心です。大蔵大臣は官僚出身、前大蔵次官の阪谷芳郎《さかたによしろう》。外務大臣は加藤高明。この人は桂と対立したり、融和したり、ややこしい人ですが詳しくは後述します。さらに、逓信大臣に山県有朋の養子・伊三郎《いさぶろう》が入閣するなど、山県系官僚も含んでいます。そのため、第一次西園寺内閣は当時から「委任状内閣」「代理人内閣」などと呼ばれていました（岡義武『明治政治史』下）。

つまり、桂が決めたこと（特に外交問題）を、西園寺に実行させる内閣です。実際、政友会の大臣は二人だけなので、官僚の協力がないと何もできません。桂自身は組閣同日、軍事参議官という顧問職に就いています。そして、もともと折り合いの悪い政友会と官僚の調停役を務めるのです。

四月、台湾統治に尽力してきた児玉源太郎が子爵、後藤新平が男爵になりますが、桂の働きかけによるものです（千葉『桂太郎』）。

日露戦争後の二つの問題

当時の日本には、二つの大きな問題がありました。ひとつは満洲の戦後経営です。

日本は朝鮮からロシアを追い払い、戦争目的を達成しました。そして幸か不幸か、南満洲が手に入りました。しかし満洲に深くかかわることになったため、ロシアの復讐戦に備えて準備しなければならなくなったのです。では、満洲で備えるのか、それとも後方の朝鮮で備えるのか。

この争点が定まらないのは、日露戦争で力尽き、満洲どころではないからです。満洲経営に関して、もっとも前のめりなのが児玉源太郎です。児玉は日露戦争を経て陸軍の実力者となっており、山県有朋とすら対立してしまいます。山県は配下を随所に配置し、国政にも陸軍内にも隠然たる力を保持していました。その山県は、対外的には慎重派です。陸軍を代表する二人がそのような状況ですから、国として何か決められるわけがありません。

しかし、児玉は七月二十三日に急逝します。寝ている間に脳溢血《のういっけつ》を起こし、そのまま逝《い》くのです。桂の後継者と目されていた児玉でしたが、以降は、山県閥の次世代のホープは寺内となります。桂もまた同じころ、重い病にかかっています。戦時中のストレスに起因する胃潰瘍で、一時は生死をさまよったほどです。

二つめの問題は財政です。

日露戦争によって、政府は借金まみれとなりました。賠償金を取れなかったために国家財政は火の車。しかも、戦時中に緊縮予算を組んでいた各省庁は戦後、いっせいに過大な予算を提出してきました。ロシアの復讐戦争に備え、陸軍も海軍も軍拡を主張します。

大国になったがために出費もかさみます。昭和初期に三菱銀行常務取締役を務めた山室宗《やまむろむね》文《ふみ》は、「国家も国民も対外的地位が高まったような気持ちになって急に体面をつくらなければならなくなった。しかし、莫大な戦費を費《つい》やし、その金の大半は外国からの借金をしたのであるから、戦後、気位は高いが、金はないという貧乏士族のようだった」と述べています（山室宗文『経済学全集第四十六巻　金解禁を中心とせる我国経済及金融』）。

さらに、政友会は鉄道敷設を要求してきます（三谷太一郎『日本政党政治の形成』）。ここで、レール幅をめぐって対立が起きます。陸軍は満洲（大陸）に合わせた広軌《こうき》（一五二四ミリ）を希望したのに対し、内相の原敬は狭軌《きょうき》（一〇六七ミリ）を主張します。国内ですでに敷設されている鉄道は狭軌であり、軌間《きかん》変更をすれば、そちらに予算を取られます。それよりも、どんどん新たな線路を選挙区に引きたいというのが、原の本音でした。

予算を大幅に削減された陸相・寺内正毅と海相・斎藤実は、蔵相の阪谷芳郎に食ってかかります。

「軍拡しなければいけないときに、予算を削《けず》れとはどういうことだ」

「金がないのだから、仕方ないだろ」

売り言葉に買い言葉です。その横から、原内相が「鉄道を敷け」と威圧します。首相の西園寺公望はリーダーシップ・ゼロ。調停に駆け回ったのが桂であり、井上馨でした。

のちに総理大臣となる若槻礼次郎《わかつきれいじろう》は、回顧録に「日露戦争のときには、大蔵大臣が三人いた」と述べています。本当の蔵相は曾禰荒助ですが、井上馨と松方正義が立ちはだかり、財政上のことは「三つの関門」を通らなければならなかった。松方はうるさくないが、井上は話が枝から枝へ飛んで大変だった、日露戦争が終わっても井上の「お目付ぶり」はすこしも変わらず、政府の大きな財政方針は井上の了解を得なければならなかったなどとも記しています。歴代首相は、桂も西園寺も「井上参り」をしたのです（若槻礼次郎『明治・大正・昭和政界秘史』）。

このように、大蔵省マターは井上の出番であることは当時の常識でしたが、そこに、前首相の桂が絡《から》んできたわけです。結局、明治四十年度予算は、桂らの努力によって十二月四日の閣議で妥協が成立しました。

桂は総理大臣を元老に相談することなしに推薦したり、本来何の権限もないのに予算折衝に口を出したりしています。しかも、それらが通るということは、この時点ですでに桂が元老と対等になっている事実を示しています。

亡国の作文「帝国国防方針」

明治四十（一九〇七）年三月二日、郡制廃止法案が衆議院を通過します。これは地味ですが、大きな政治的意味があります。原敬が、山県有朋の権力の牙城《がじょう》を崩そうとしたのです。

しかし、衆議院は通過しましたが、貴族院は僅差《きんさ》で否決。山県は何とか防衛したわけですが、山県閥が牛耳っていると思われていた貴族院で僅差ということは、かなりの人数が原に切り崩されたことを示しており、原にとっては勝利に近い敗北でした。

山県にすれば、政党内閣に権力を奪われる、つまり軍事に介入される恐怖感が実体を帯びてきました。このようなときに決定されたのが、「帝国国防方針」です。

陸軍は「仮想敵ロシアに備えよ」と主張し、海軍は「それでは予算を取られてしまう」との本音を隠して、「アメリカこそ仮想敵であり、そのために軍艦をつくるべき」と主張するのです。

そのころ、日米関係には隙間風《すきまかぜ》が吹き始めていました。アメリカが日本の台頭を警戒し始めたのです。前年十月、サンフランシスコ市が公立小学校に在学する日本人学童を「東洋人学校」に転学させる決議をしていますが、その背景には日系人移民排斥運動の激化がありました。

陸海軍の対立は、妥協案としてロシア・アメリカ両方を仮想敵とすることになりました。もちろん、陸軍も海軍も本気で戦争をする気などありません。

ところで、仮想敵が複数存在することはあっても、よほど愚かな国でないかぎり、陸軍と海軍が別々の仮想敵を持つことはありません。なぜなら、たいてい陸軍と海軍のどちらかが強いからです。たとえば、イギリスは海軍が強く、ドイツは陸軍が強い。しかし、日本の場合はほぼ対等であり、それゆえに悲劇が起きました。

明治建軍以来、陸海軍で仮想敵が異なったのはこのときがはじめてであり、セクショナリズムの妥協の産物として無関連の仮想敵を複数設けることは、ありませんでした。まさに「亡国の作文」であり、昭和の大日本帝国はこの作文を実行して滅びてしまいました。

これは、軍事と外交の分裂の端緒《たんしょ》でもあります。このような不まじめな「お役所作文」を通しておきながらも、このの ち四〇年間も国が保てたのは、それまでの貯金と外交努力です。

ここで、この年に起きた異変を紹介しておきます。

二月一日、伊藤博文が主導して作成された「公式令《こうしきれい》」が公布されます。すべての行政文書を総理大臣が見られるようになったのです。山県は対抗するように、九月十二日に「軍令《ぐんれい》」第一号を公示。軍事機密については、陸海軍大臣は総理にも他の閣僚にも見せなくていいとしたのです。軍事に関しては何者の干渉も受けないという、軍の意思表示です。

日本近現代史では、しばしば「軍部」との表現が使われますが、実際に陸海軍が統一した意思で行動することは前述の仮想敵のように、めったにありません。その陸海軍が「シビリアンコントロールは拒否する」の一点で手を組んだのです。

文官の代表・伊藤と武官の代表・山県が、本気の喧嘩を始めたのです。しかし、実際に内閣総理大臣の職務にあるのは西園寺公望であり、それを支えている桂は四国協商（後述）を進めています。維新第一世代の元老たちがくだらない争いをしている最中に、第二世代の桂と西園寺はしっかりと組んで、肝心の内政・外交をこなしているのです。日本の政治は桂園体制により安定していました。

ちなみに、桂が山県を「山県のような元老は拝《おが》み倒すほかはない。とうてい彼も長いことはない。もはや彼も耄碌《もうろく》した」と評したのも（『原敬日記』）、この年のことです。

このころ、経済は悪化し、世界恐慌が起こっています。日本も、次年度予算編成にあたって歳入不足が明らかになり、井上馨は軍事費の大幅な繰延《くりのべ》、山県は増税を唱えますが、桂が調停します。十二月十五日の閣議で、増税と軍備繰延を組み合わせた予算が決定されました。足して二で割る解決策です。

翌日、増税も含めた予算案に松方正義・井上と共に、桂も署名しました。

四国協商――「日本だけが安全地帯」の国際情勢

明治四十（一九〇七）年は、世界史的には劇的な年となりました。

日露戦争に負けたロシアは、考えるのです。「なぜ、我々は満洲に行ったのだろうか」と。そして、ヴィルヘルム二世の口車に乗せられたことに気づき、「東アジアは遠いし、負けたし、もうどうでもいい。近くに、もっと重要な問題＝バルカン情勢があるのだから、それをかたづけるべきだ」と、日本と手を結ぼうとします。

そして二月四日、ロシアから日露協商の締結を求めてきました。日本としては、断わる理由はありません。

桂は「ロシア関係問題は、意外と進行している。これは向こうより切迫してきた」と平田東助に書き送っています（千葉『桂太郎発書翰集』）。この「切迫」とは、バルカン情勢を指しています。

六月十日、日仏協約が調印されます。日本とフランスはもともと喧嘩する理由がありません。三国干渉にフランスが入っていたのも、「ロシアの同盟国だから」以外の理由はありませんでした。

七月三十日に日露協約が調印。続いて、八月三十一日には「戦争した日露が仲直りしたのだから」と、イギリスとロシアが英露協商を締結します。

このように、三カ月間に三つの協商が結ばれ、「協商の年」と呼ばれました。なお、「協商」と「協約」の細かい違いは気にする必要はありません。

こうして、日英同盟と露仏同盟が結びつき、四国協商ができあがりました（203ページの図15）。

このなかで、ドイツだけが孤立しています。日本の陸海軍が亡国の作文を投げ合うような愚かな真似をしていても、外交でドイツ包囲網をつくり上げたのです。日本は、すっかり安全地帯にいます。これは偶然ではありません。外交の勝利です。桂は「ロシアのほうが急いでいる」と見抜き、この大きな流れを導いたのです。

この間の六月、ハーグ密使事件が起きています。オランダのハーグで開かれた万国平和会議に、韓国皇帝が密使を派遣して独立を訴える挙に出たのです。これに対して、統監の伊藤博文は皇帝に退位を迫り、七月十九日に皇帝は皇太子に譲位します。二十四日、第三次日韓協約により、日本は韓国の内政権と統帥権を掌握。国家の形式だけ残して、保護国化しました。

山県有朋の陰謀と西園寺内閣の退陣

話を、第一次西園寺内閣に戻します。前述の通り、陸海軍は軍拡の予算を確保しようとし、政友会を率いる原敬は鉄道予算を獲得しようとする。さらに、戦時の緊縮予算から解放された全省庁が、拡大予算を求めてきます。

このような状況下、西園寺を助けたのが、前首相の桂です。桂は自分の内閣が続いていると考えて、政権を支えました。そして、明治四十一（一九〇八）年三月二十六日に閉会した議会は成功裡に終わります。予算は政府原案通り成立し、法律もほとんどが通過しました。

しかし、桂は不満が溜まっていたようです。

山県有朋には、一月十五日の書簡で「財政といい、外交と内務といい、ひとつとして内閣

図15 四国協商後の国際情勢（1907年9月）

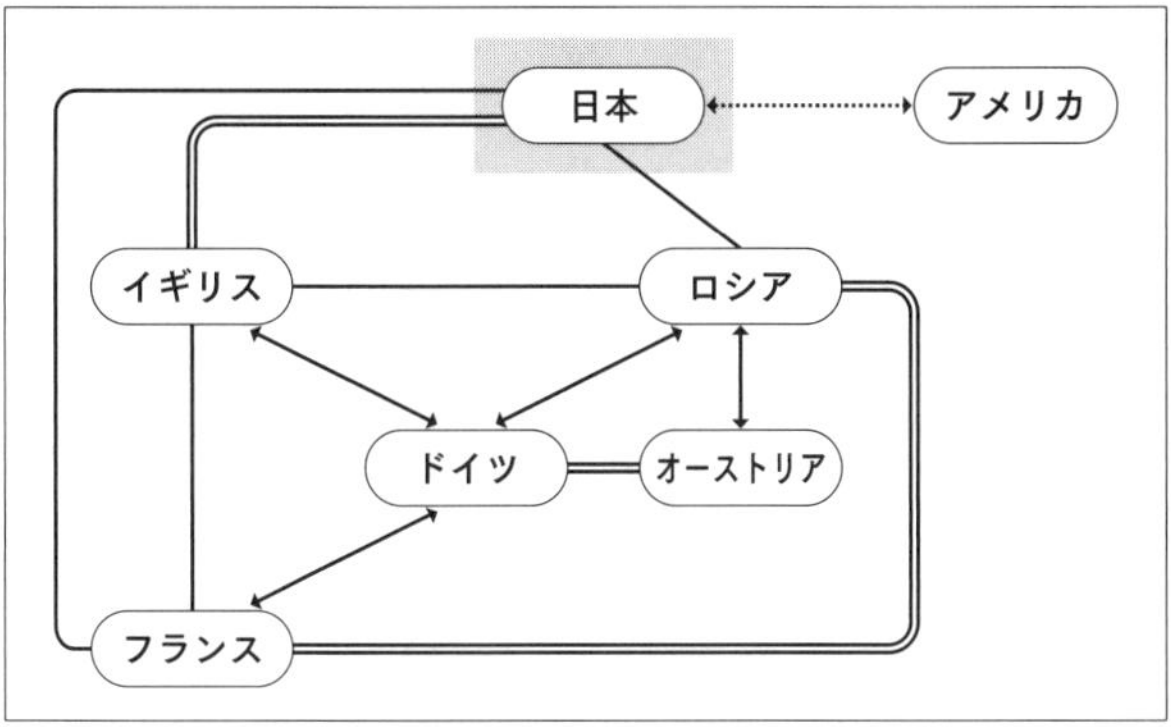

全体の統一としては見るものがありません。このままいけば国家丸はいずれの港に到着するのか、はなはだ懸念《けねん》の至りです」と述べています（千葉『桂太郎発書翰集』）。

また、五月十二日の伊藤博文あての書簡では「政府が戦後外交を誤った結果、何となく人々は安心できず、目下の情況では、する事なす事、すべてが失策に出ています。このままでは今後、容易ならざる事件を惹起《じやっき》するかもしれません。政治は生き物なので、政府みずからが活動しなければ、終始防御に回ることとなって、事《こと》の起こるのを待っていては、難局を好転させることは難しいと思います。戦争中、国家安危《あんき》の判然としないときにおいてすら、数億の外債をなし得ました。それは、外交の働きがあったからです。しかるに、今日は戦争もなく国家安危の状態でもないのに、外債はひとつも成就《じょうじゅ》せず、同盟国（イギリス）すら支那《しな》人のうしろに廻り、商権を拡張しようとしているのは明らかです。今の財政問題は万事外交の不手際より困難を来《きた》していま す。その上、財政当局は次々と処置を誤っています」と痛烈に批判しています（千葉『桂太郎発書翰集』）。

五月十五日、衆議院議員任期満了総選挙が行なわれます。その結果、政友会は得票を伸ばし、過半数を獲得しました。政権与党ですから当然ですが、衆議院における政友会の優位は揺らぐどころか、盤石《ばんじゃく》となりました。

日露戦争後の政局で、政友会と憲政本党の二大政党が第一党と第二党を占めるのは〝お決まり〟ですが、第一党が過半数割れしたら、第三党がキャスティングボートを握ることができます。山県は死ぬまで、この「三党鼎立論《ていりつろん》」を抱き続けました。しかし、このように、第一党に過半数を占められれば、それができません。

往生際の悪い山県は、権力を奪い返そうと陰謀を企《たくら》みます。西園寺内閣は社会主義者の取り締まりが不十分だと因縁《いんねん》をつけたのです。

確かに、アメリカ合衆国共産党《がっしゅうこくきょうさんとう》が暗躍していたのは事実です。このころはアメリカ共産党と特定はできていなかったかもしれませんが、アナーキストなどが悪だくみをしていることを山県は察知していたのです。

山県は、突如として宮中に参内。「取り締まりが甘いのではないか」と告げ口します。明治天皇のそばに仕える徳大寺実則《とくだいじさねつね》侍従長は西園寺の実兄であり、弟の公望に、この山県の動きを知らせています。粘りや胆力のある政治家なら、情報を得れば対抗策を講じるものですが、西園寺はやる気をなくし、六月二十七日には病気名目で辞任すると言い出します。しかし、原と松田正久に説得されて踏みとどまります。

ところが、東京・神田《かんだ》警察署の留置場の壁に、「一刀両断天王《てんのう》首、落日風寒巴黎《パリ》城」とフランス革命を詠じた落書きしたあとが発見され、さらにこの漢詩が「天王斬殺すべし」と誤報されて、大騒ぎになりました（伊藤整責任編集『日本の名著44　幸徳秋水』）。

山県の糾弾が強まり、七月四日、ついに西園寺は辞任します。

第二次桂内閣と財政問題

辞任を表明した西園寺公望は、後任に桂を推挙します。内閣で責任ある役職に就いていたわけでもないのに、ずっと支えてくれた桂の恩義に報いたのです。これは西園寺が主導し、元老会議を開かせませんでした。

山県にしても、原の傀儡《かいらい》のようになっている西園寺が内閣首班であるのが気に入らないから倒閣したわけで、子飼いの桂が内閣を組織するなら文句はありません。山県と桂の関係は隙間風が吹き始めていたとはいえ、決定的に決裂したわけではありませんでした。

前述のように、総選挙では政友会が大勝しており、それから二カ月もたっていないのに西園寺首相は辞任しました。当時は、なぜ西園寺が辞めたのか、その理由は謎とされていました。第二次世界大戦後、『原敬日記』が公開されて、やっと真相がわかったのです。

明治四十一（一九〇八）年七月十二日、桂に大命降下し、二日後には第二次桂内閣が成立します。桂は施政方針の大綱のなかで、次のような趣旨を述べています。

「戦前は、日本を東洋の後進国として可憐《かれん》視していた欧米列強は日本の戦勝に驚き、その後に猜疑心《さいぎしん》を持つようになり、今や競争相手として日本を見ている。米国などペリー以来の友好国であるにもかかわらず、軍事的に、商工業に警戒してきている。もし、みずから戒めず、従来の慣習に従うばかりでこのまま行けば、列強に嫌われ、同盟も協約も反故《ほご》にされてしまうだろう。そうなれば、軍隊がいかに勇猛であろうと、国民が忠実で仁愛に富《と》んでいても、これを防ぐことはできない。加えて、財政は戦後経営のあとを承《う》け、政務に要する費用は年々膨張し、収支はバランスが取れない。輸入が増え、硬貨の流出が止まらない。民間ではみだりに事業を企《くわだ》て、今年に至ってついに破綻を生じ、商工業は恐慌の極《きわ》みに達し、金融は杜塞《とそく》して、破産が相次いでいる。……平和および国力開展の二大政綱を定め、この大綱にもとづき行政のよるべきところを定めようと思う」（徳富『公爵桂太郎伝』坤巻）

桂が国際情勢を冷徹に見て、日本の進むべき道をきちんと示していることがわかります。閣僚を見てみましょう。外務大臣には小村寿太郎（当初は寺内正毅が兼任）。日英同盟を成就させ、日露戦争の勝利を共に導いた偉人です。逓信大臣は後藤新平。農商務相には、警察官僚出身で選挙干渉と代議士の切り崩しを趣味にしているような大浦兼武。陸軍大臣は寺内正毅、海軍大臣は斎藤実が留任します。桂は、外交政策の後継者に小村を、内政の後継者に後藤を考えていました。

大蔵大臣は桂が兼任します。自伝には、「首相たるものは、大蔵大臣となってその難局にあたる決心がなければならない。目下のように財政の整理をするにあたり、各方面に向かって交渉が必要な場合、首相みずからその蔵相の職を兼任し、己《おのれ》の意思のあるところを十分発揮しなければ、単に首相は仲裁の立場となり、断固たる処置が取れない」と記しています（『桂太郎自伝』）。

大蔵省は、軍人出身の大臣を入れなかった唯一の役所と自負しているようですが、桂は現役の陸軍大将であり、軍人です。桂には、大蔵官僚によそ者である軍人が乗り込んできたと思わせないだけの経済・財政に関する識見があったのです。

ジャーナリストの池辺三山は、桂のことを「財政のことにも明らかである。算盤《そろばん》に委《くわ》しい。また財政に明るい綿密な人を知ってこれを用い、自分でもまた数字をひねって落ちなくやる。軍人にしては珍しいと人がいうが、それは大まちがい、元来がそういう風の人かもしれぬ」と記しています（池辺『明治維新三大政治家』）。

組閣の翌月、桂は健全財政を目指す方針を明らかにし、財界と一体になって財政再建に取り組むと述べます。どこかで聞いたような話ですね。しかし、今の財務省の「健全財政」とは、意味が全然違います。ここで、財政について簡単に説明しましょう。

現在の日本政府の借金は、実は日本銀行がお札を刷れば解決します。インフレさえ許容できれば、何の問題もありません。今はデフレなので、過度にインフレを恐れるほうがおかしいのですが……。

そもそも、現在の日本国債は、政府の借金です。誰に借りているのか？　日本国民です。ちなみに、（株）倉山満事務所は莫大な借金をしています。誰から？　倉山満さんです。では、（株）倉山満事務所は経営難でしょうか？　おかげさまで何の問題もなく、悪いこともせずに順調に経営を続けています。ですから、日本国も主権者《オーナー》である国民から借りている借金を気にしすぎる必要はないのです。

これに対して、明治・大正の日本政府の借金は外債です。本物の借金です。借金のカタに国を取られることが普通にある時代ですから、健全財政は安全保障にも直結します。

また、現代日本はデフレが続いて元気がないとはいえ、世界有数の経済大国です。しかし、当時の日本は関税自主権の回復はいまだならず、戦争は終わったばかりです。戦争中に借金に借金を重ねて外債まみれ、それでもお金が足りない。このように、当時と今とでは借金の質も状況もまったく異なるので、同列に考えてはいけません。

八月二十八日、政府は財政整理方針を決定します。緊縮財政を実行、借金も増税もしない。健全財政に努めることは、増税と不離一体ではありません。むしろ経済状況を見ながら行なわねばならないので、困難なのです。

高平・ルート協定でアメリカを抑える

桂は、財政問題に専念できるよう、対外関係の安定をはかります。外相に腹心の小村を就けたのは、アメリカとの関係を改善するためです。

日本は、四国協商の成立によって安全圏にいます。ただ、列強諸国は日本への猜疑心・警戒心を強めていました。これらを解くためにも、各国と協調していく姿勢を示すことが重要と考えたのです。

もっとも日本への警戒心を露《あら》わにしていたのは、アメリカです。ポーツマス条約を斡旋してくれるなど、親日的だったアメリカとの関係が日本人移民排斥問題などで、冷《ひ》えてきていました。

アメリカは各国への友好かつ示威《じい》行動として、大西洋艦隊を世界周遊させます。軍艦には白い塗装が施されていたため、「グレート・ホワイト・フリート」と呼ばれました。幕末に来航した「ペリーの黒船」に対して、「テディー（ローズヴェルト大統領の愛称）の白船」です。日本に寄港の予定はなかったのですが、日本は招待します。明治四十一（一九〇八）年十月十八日、横浜に入港と同時に日本海軍は大演習を実施します。歓迎しながら、威嚇《いかく》したわけです。

そもそも、日米両国が対立する必然性はありません。交渉して改善する余地が大いにあります。そして、戦争などおたがいに何の利益もないと思わせねばなりません。だからこそ、弱みを見せてはならないのです。

図16 高平・ルート協定後の国際情勢(1908年)

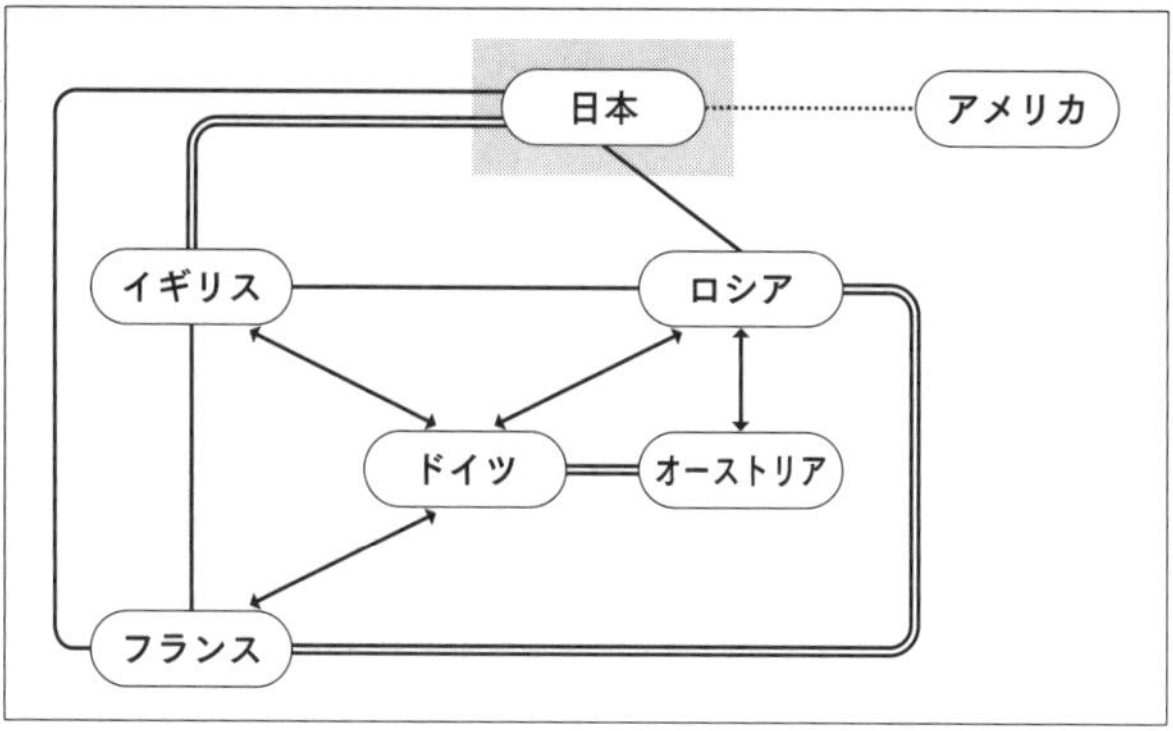

たくみな演出によって友好ムードを醸成《じょうせい》した結果、十一月三十日に高平・ルート協定が結ばれました(「はじめに」で前述)。太平洋方面の現状維持と清国の領土保全・機会均等などを規定した内容で、日本はフィリピンに領土的野心がないことを表明し、アメリカは日本の満洲権益を認めました。

これで、日本は対外的な心配がなくなりました(図16)。完璧な外交です。同時に、これは六年後に始まる第一次世界大戦の構図であり、実際この関係で大戦に突入しています。

桂園時代の本質

明治四十一(一九〇八)年十月十三日、「戊申《ぼしん》詔《しょう》書《しょ》」が発令されます。日露戦争の勝利に舞い上がった風潮に対して、社会の混乱や風紀の乱れを是正することを目的に、道徳の基準を国民に示すために出されたのです。背景には、社会主義の拡散がありました。

ここで、国内政治の勢力図を確認しておきましょう（図17）。

国内政局の主要アクターは、政友会と山県有朋―桂―寺内正毅ラインの藩閥勢力です。伊藤博文はもはや、政友会に口出ししません。ですので、図ではカッコをつけています。政友会は西園寺公望総裁以下、原敬・松田正久が幹部として君臨し、尾崎行雄などの雑魚キャラを従えています。

尾崎はのちに「憲政の神様」などと持ち上げられますが、演説がうまくてパフォーマンスが派手だっただけです。文句ばかりでこらえ性がなく、党籍をコロコロ替え、政治家として建設的なことは何ひとつしていません。言うならば、「国会議事堂に銅像が建ってしまった鳩山邦夫《はとやまくにお》」です。ちなみに、鳩山の像はまだ建っていません。

桂は藩閥を率いて政友会と向き合い、提携したり、対立したりしています。桂と西園寺の個人的つながりは強いですが、実際の政治は桂と原で丁々発止《ちょうちょうはっし》とやり合いながら進めています。藩閥内部では、桂を上下から挟むように山県と寺内が密に結びつき、桂は山県や原と暗闘を繰り広げます。野党は無視できる程度の存在でした。いっぽう、勢力が増したのが海軍です。日露戦争で海軍は華々しい勝利を収めましたから、発言力が増しました。海軍の最有力者は山本権兵衛です。

明治四十二（一九〇九）年一月二十二日、予算委員会での審議が始まると、政府批判が噴き出します。政友会も一緒になって批判しますが、桂は西園寺と会見して二月八日には妥協が成立します。

桂は当初、議会対策方針として「党派の異同によって合わせたり拒んだりしない。意見を同じくするものは喜んで与《くみ》する。国家の公《おおやけ》を忘れて私事のために集まって徒党をなし、みだりに勢力を使って圧迫を加えるようなら、幾回でも解散を行なう」とし（徳富『公爵桂太郎伝』坤巻）、憲政本党をはじめとする野党にも秋波《しゅうは》を送っていました。その工作に従事したのが、農商務大臣の大浦兼武です。しかし、このとき

図17 1908〜1909年の国内情勢

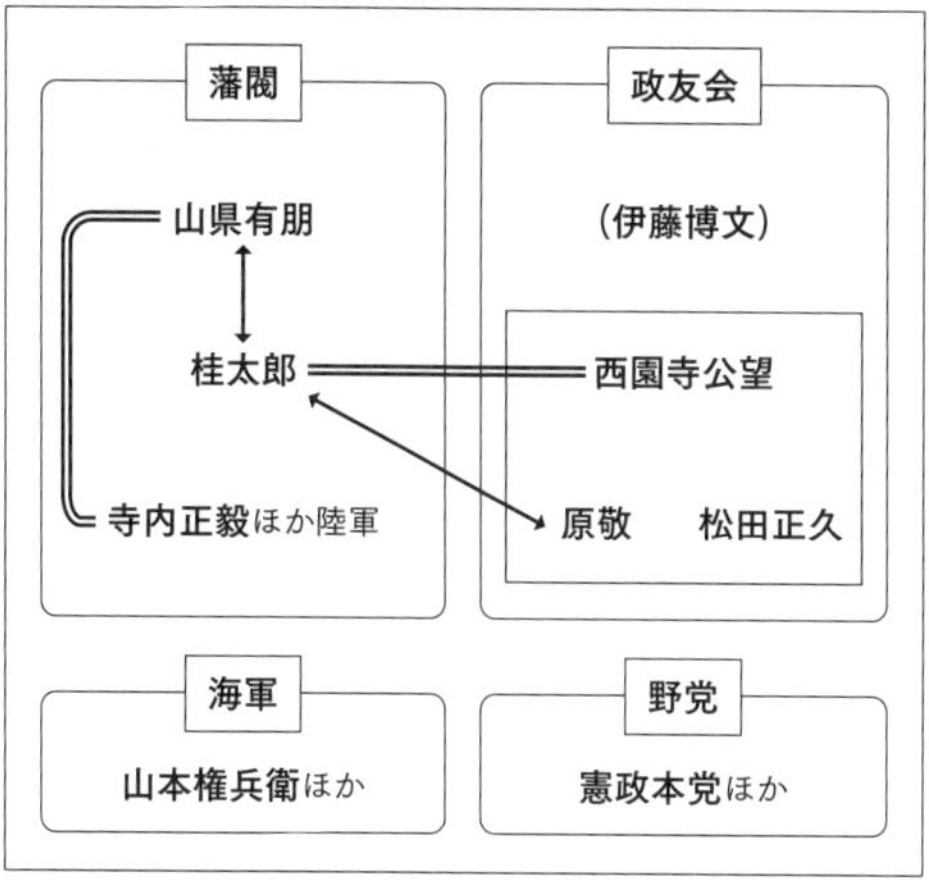

は失敗します。
桂は結局、政友会と妥協します。政府原案において官僚の給与三〇%増額が二五%に、地租軽減〇・八%の次年度以降実施が前倒しになったのです。いずれにしても、たいしたことのない妥協です。財政難なので、本来は減税しにくいのですが、政友会の顔を立て、六日後に予算は成立しました。

四月七日、桂は原に政権禅譲の意思を示します。ただ、匂わせただけです。この時点では、桂に弱みはありません。

それでいて、十三日に貴族院令を改正し、男爵議員の定数を増加させます。貴族院に桂の息のかかった人物を送り込み、衆議院（政友会）に拒否権を行使しようと考えたわけです。原によると、桂は「貴族院はわがものなり。衆議院は西園寺のものなり」とよく語っていたそうです。いっぽう、原は「貴族院の形勢が変わってきて、あらゆる手段でテコ入れしようとしている」と見ていました（『原敬日記』）。

桂園時代とは、政友会と藩閥官僚による大談合政治なのです。

翌年四月には、板垣退助へ二万円の下賜、大隈重信に旭日桐花大綬章《きょくじつとうかだいじゅしょう》が授与されるよう桂が取りはからっています。板垣は常に金欠でしたし、大隈は勲章や爵位が何よりも好きでした。それぞれの欲しがるものを合法的に提供したわけです。政友会以外への気配りも怠《おこた》ってはいません。

ルーティンワークで韓国併合

桂は、次の課題を韓国併合に定めます。

韓国併合にもっとも反対していたのは伊藤博文でした。しかし、明治四十二（一九〇九）年四月、桂と外相の小村寿太郎が伊藤に韓国併合方針を打診したところ、同意します。当時の韓国のどうしようもなさに、伊藤もあきらめていたのです（詳しくは宮脇淳子先生との共著『残念すぎる朝鮮1300年史』をご参照ください）。

韓国中央銀行の設立に際して、陸軍と文官のどちらが担当するかでもめたものの、五月には桂と伊藤の間に合意がなりました。伊藤は六月十四日、韓国の統監を辞任。副統監の曾禰荒助を統監に任命します。伊藤自身は枢密院議長に復帰しましたが、十月二十六日にハルビンで暗殺されてしまいます。

曾禰は桂寄りの人物ですが、植民地など持っても割に合わないという合理論者で、韓国併合には反対していました。その曾禰は翌年に病を得ると統監を辞任し、寺内陸相が統監を兼任しました。そして、八月には韓国併合となります。ルーティンワークのような手際の良さですが、事態はそこまで進んでいたとも言えます。

十二月十八日、アメリカが満洲における鉄道中立化案を提議してきますが、日本は翌年一月二十一日にロシアと組んで不同意を表明して、終わりです。アメリカは「中国における機会均等」を原則として掲げていますが、中南米に関しては「モンロー主義」を掲げて自分以外の国が介入するのを嫌がります。完全な二枚舌ですので、桂は軽くあしらいました。

明治四十三(一九一〇)年七月四日、第二次日露協約が調印されます。

これをもって、——日露戦争に勝った日本は驕《おご》り、英米の恩を忘れた。アメリカの共同経営案を蹴《け》り、満洲を独り占めしようとして英米が怒った。それでロシアと組んだが、革命が起こると帝政ロシアは消え、世界を敵に回す愚かなことになった——と主張する人がいます。つまり、アングロサクソンに逆らってはいけないとする歴史観です。

しかし、この時期の国際情勢を見ると、ヴィルヘルム二世は「イギリスと張り合う海軍力を持つ」と宣言しています。これは、イギリスがドイツに仮想敵と公言されたようなものです。そのため、イギリスはドイツを意識してロシアと接近しています。

ということは、日本がロシアに近づいたら英米と対立するという考えは当てはまりません。また、英露双方とも、満洲問題とバルカン問題のどちらが大事かと言えば、バルカン問題であり、満洲問題で争うことはこの時点ではありえません。

さらに、アメリカはバルカン問題どころか、ヨーロッパの問題にかかわらないのが国是《こくぜ》であり、この国是は第一次世界大戦まで続きました。アメリカは東（ヨーロッパ）にはかかわらないが、西には神が与えてくれた土地があるという謎の信念を持っていました。西とは太平洋（ハワイとフィリピン）までで、中国大陸に対しても同様に思っていたかは疑問です。

アメリカは中国進出には出遅れたため、門戸開放・機会均等を掲げましたが、列強諸国に蹴散らされて終わりです。満洲における鉄道中立化も、単に「言っているだけ」なのです。アメリカにとっては、アジアよりも中南米のほうが重要です。当時、南で国境を接するメキシコは慢性的に動乱状態であり、これらの問題をほったらかしにして、イギリスと組んで日露相手に喧嘩するとは考えられません。ちなみに、当時のアメリカ大統領はタフトであり、狂人ウィルソンではありません。

満洲問題を最重要問題としているのは日本だけです。日本の論理だけで世界を語ってはいけません。

皇室を滅ぼそうとする勢力の登場

第二次桂内閣で問題となったのは外交よりも内政であり、そのひとつが大逆《たいぎゃく》事件でした。大逆事件とは、幸徳秋水《こうとくしゅうすい》ら無政府主義者による明治天皇の暗殺未遂事件です。わが国の歴史で、皇室を滅ぼそうという勢力がはじめて出現しました。それまでも、愚か者が似たような主張をしたことはありますが、明治末期には社会勢力として台頭してきたのです。

明治四十三（一九一〇）年五月に検挙が始まり、六月一日には幸徳秋水が逮捕されました。彼は右翼思想をこじらせて社会主義者、さらにアナーキストへと転じた人物です。

「幸徳秋水は関係ない」と主張する本もありますが、ウソです。有罪になった人たちのなかに冤罪《えんざい》があったのは事実ですが、幸徳は真っ黒です。最近では、アメリカ共産党の幹部である片山潜《かたやません》と関係が深かったことも明らかになっています。

大逆事件の捜査指揮を執ったのは、のちに総理大臣となる平沼騏一郎《ひらぬまきいちろう》です。平沼は晩年、このときのことを「桂さんは非常に心配し、私は呼ばれて、毎朝六時に私邸に行って前日のことをすべて報告した。私は桂さんに、司法大臣に始終報告しているから、司法大臣から聴いたらよろしかろうと言うと、いや、じかに聴きたいと言われた。そして、アノ事件は大丈夫だろうなと言われるので、まちがっていたら私は腹を切ると言うと、おまえが切るなら俺も切ると言われた。陛下には始終総理から申し上げていた」と述べています（平沼騏一郎回顧録編纂委員会『平沼騏一郎回顧録』）。

平沼の「毎朝六時に私邸に行って前日のことをすべて報告した」は、私はこのように首相に媚《こ》びて出世したと白状するようなものですし、桂の「おまえが切るなら俺も切る」は本心ではなく、平沼を喜ばせるお愛想でしょう。

このころ、立憲国民党《りっけんこくみんとう》（野党再編により憲政本党・又新会《ゆうしんかい》・戊申倶楽部《ぼしんくらぶ》らが合同。以下、国民党）の犬養毅《いぬかいつよし》は政友会に接近し、「桂内閣を弾劾しよう」と持ちかけています。しかし、原敬は乗りません。そして、いつものマッチポンプぶりを発揮します。「犬養がこんなことを……」と、桂に脅しをかけるのです。

政友会と国民党に組まれたら、衆議院全体が敵に回ってしまいます。桂は十一月十日、西園寺公望に「今回の議会が最後の議会であろう」と漏らします。

政友会幹部のなかにも、野田卯太郎《のだうたろう》など桂寄りの人物がいました。野田が桂と原の間を取り持つために両者を行き来していると、原は「今日の問題は、桂が辞職するか否かの問題ではない。桂が永久に政界から退くか否かの問題である。もし彼が永久に政界から退くということを誓言《せいごん》しないかぎり、今期議会を通すわけにいかぬ」と断言するのです（前田『原敬 三代宰相列伝』)。

原は怒っていました。社会主義者にではなく、藩閥に対してです。山県有朋は社会主義者への取り締まりが不十分と、我々の政権（第一次西園寺内閣）を倒しておいて、自分たちはこんな大事件を起こさせているではないか。ならば、山県にやられたように、今度はこっちが上奏してやる。上奏か桂の永久引退かどっちかだ！　と。

これを伝え聞いた桂は、原との会見を設けます。十二月四日、桂は「大逆事件は世界交通の結果であって、コレラやペストが外国から輸入されたようなもの」と言い訳するものの、政友会に援助は頼まない。対して、原は一言も発しません。無言で恫喝しているわけです。

桂はもはや妥協が不可能であることを察し、十四日の会見では完全に兜《かぶと》を脱ぎます。「自分は朝《ちよう》にあっても野《や》にあっても同じなので、ふたたび立つ気はない。後任に誰を推挙するかは言わずとも明らかであろう。ただ、条約改正だけはやらせてくれたまえ」と頼むのです。原は満足して「では、時期はおまかせしよう」と返答します（以上は、前田『原敬　三代宰相列伝』、『原敬日記』）。

このようなやりとりをしながらも、桂は十二月の議会に「鉄道広軌化計画」を上程《じようてい》します。政友会は当然、猛反対ですが強行します。一般的に、総理大臣は辞任間際《まぎわ》に自分が本当にしたいことをします。「辞めるのだからこれだけはやらせてくれよ」と言うと、通ることが多いからです。

明けて明治四十四（一九一一）年一月十八日、大逆事件の被告二四人に死刑判決が下りますが、翌日には一二人が無期懲役刑に減刑されます。そして二十四・二十五日、幸徳ら一二人の死刑が執行されました。

「情意投合」の真意

大逆事件が終結すると、桂は井上馨にあてた書簡で「忍耐をもって馬鹿になり、無責任な言論を聞いてきたけれども、もう限界だ」と書いています。政友会による、国家を考えない党利党略に、つくづくあきれはてたのです。

二十六日には、とりあえず「鉄道広軌化計画」を先送り。その三日後には築地《つきじ》精養軒《せいようけん》に政友会員を招待すると、有名な「情意投合《じょういとうごう》」演説をして、永久に引退することを明言します。「これまで国のため一緒に働いてきました。情意投合し、共同一致して憲政の美果を収めましょう。みなさんもそう思っていますよね」と。

この「情意投合」は通常、桂園時代における藩閥と政友会の友好関係、あるいは桂と西園寺公望の持ちつ持たれつの関係を象徴する言葉のように解されます。しかし、ここまでの流れを見れば、桂による嫌味以外の何物でもないことがわかるでしょう。

世論は、政友会がまた藩閥と妥協したと非難しましたが、原敬にすれば、知ったことではありません。「平民宰相」と呼ばれる原ですが、原自身は民衆をまったく信じていませんでしたし、民衆に人気があったわけでもありません。原は盛岡藩で家老を務められる家柄に生まれており、庶民ではありません。単に爵位がなかっただけです。

ちなみに、藩閥政府の定めた爵位だから受け取らなかったと原を褒める人がいますが、そうではありません。爵位を得ると衆議院議員選挙への出馬資格を失い、貴族院に移らなければならないからです。

板垣退助が代議士たちを統制できなかったのは、爵位があり、衆議院議員ではなかったから。原はそれを避けるため、衆議院議員であり続けようとしました。しばしば山県などから「爵位を受けないのは、天皇陛下に対する冒瀆《ぼうとく》である」などと攻撃を受けましたが、理由をつけて断わり続けました。

南北朝正閏問題《なんぼくちょうせいじゅんもんだい》の憂鬱《ゆううつ》

大逆事件は未遂であり、犯人逮捕・起訴・判決・執行とスピーディーに片づきましたが、もうひとつの重大事件を生みます。南北朝正閏問題です。

幸徳秋水は、法廷で裁判長に「今の天皇は、南朝の天子を殺して三種の神器を奪い取った北朝天皇の子孫ではないか。それをどうかしようというのが、それほど悪いことか」と言い放ちました。これが外部に漏れると、このような不祥事が起きたのは、両朝を対等に取り扱っている歴史教科書を編纂した文部省の責任であるという声が上がり、これが南北朝正閏問題に発展したのです（岩城之徳著・近藤典彦編『石川啄木と幸徳秋水事件』）。

明治四十四（一九一一）年二月四日、代議士の藤沢元造《ふじさわげんぞう》は南朝と北朝とどちらが正統なのかを問う質問主意書を提出します。

桂は藤沢を軟化させようとしますが、買収も脅迫も効《き》かず、最終的に藤沢を料亭に呼び出します。そこで何があったかは、よくわかっていません。しかし、藤沢は泥酔した状態で「俺は今日桂から大歓迎を受けたよ、桂が俺を擁して接吻《せっぷん》までした、えらい御馳走になった」と語っています（『東京朝日新聞』明治四十四年二月十八日付）。翌日、藤沢は議会で演壇に立ったものの、しどろもどろとなり、最終的には議員を辞職しています。

この年、外交的には晴れがましい成果が挙がっていました。二月二十一日に日米通商航海条約（改正）が、四月三日に日英通商航海条約（改正）が調印されています。両者とも七月十七日に実施となり、日本は幕末以来失っていた関税自主権を回復します。

日米通商航海条約が調印された二月二十一日、本来なら満場の拍手を受けてしかるべき日に、野党は大逆事件と南北正閏問題を政府の失策として問責決議案《もんせきけつぎあん》を出します。

現在、内閣不信任が議決されると、内閣は総辞職するか、衆議院解散によって民意を問わなければなりませんが、当時は衆議院に内閣不信任決議の権限はなく、問責決議にも法的拘束力はありません。ただし、これが可決されると、予算も法案も通らなくなります。今の参議院の問責決議案と同じようなものです。

このときは政友会が与党ですから、問責決議案など蹴散らして終わりです。

南北朝正閏問題は、歴史学者の間でも意見が分かれました。早稲田大学の吉田東伍《よしだとうご》は北朝正統論、東京帝国大学の黒板勝美《くろいたかつみ》は南朝正統論でした。

そして、この問題にもっとも憤《いきどお》ったのが、山県有朋です。「桂は何をしている⁉」と絶叫し、全身に痙攣《けいれん》を起こしたと伝えられています（徳富『公爵山県有朋伝』下巻）。山県は「北朝と南朝が対等などとしたら、世の中が乱れるに決まっている」と強硬に主張。いっぽう、桂は「天皇の意思を尊重する」「政府が決めることではない」との冷静な立場を取ります。しかし、山県らの勢いが勝《まさ》り、枢密院でもほとんど議論をせずに南朝が正統ということになってしまいました。

明治天皇が北朝の系統なのに、南朝正統論が強いのは、徳川光圀《とくがわみつくに》が編纂を命じた『大日本史《だいにほんし》』が南朝正統論だからです。水戸学《みとがく》は「尊王攘夷」思想を生み、明治維新の原動力となったぐらいですから、明治の知識人が持つ教養の一部でした。

南朝正統論の根拠は「三種の神器を持っているから」の一点ばりです。詳しくは小著『日本一やさしい天皇の講座』『国民が知らない上皇の日本史』をご参照いただきたいのですが、南朝には三種の神器以外は何もありません。三種の神器を持っているほうが、実際に天皇として執務を行なっていたことよりも偉いというのは、一種のフェティシズムです。

いずれにせよ、大きな外交成果よりも、国内の政治問題が優先されたわけです。江戸期を通じ、日本は〝のんきな〟国でした。それが幕末以来、列強に呑み込まれる危機に瀕します。しかし、日清・日露戦争に勝ち、四国協商という外交網をつくり上げ、高平・ルート協定を結び、ふたたびのんきな国に戻ることができました。そのことに、当時の日本人は無自覚でした。

この無自覚はやがて、自国の事情のみを考える夜郎自大《やろうじだい》へとつながっていくのです。

内閣総辞職――山県有朋・原敬との決別

南北朝正閏論における桂と山県の違いは、社会主義運動に対する方策の違いにも表れています。

山県は、徹底的な弾圧策です。警察力を使い、いざとなったら戒厳令を敷いて軍隊を使ってでも弾圧しようとする。いっぽう桂は、それでは逆効果と考え、社会政策で対応しようとしました。具体的には、労働者の保護を目的とした工場法の公布や、貧民救済機関である恩賜財団済生会《さいせいかい》の設立です。二人の違いは、言わば「北風と太陽」です。

前述の通り、桂は鉄道広軌化計画を先送りしましたが、あきらめたわけではありません。明治四十四（一九一一）年四月五日、広軌鉄道改築準備委員会を設けます。当然、原敬に拒否されますが、桂にはそれを押し返す力はありませんでした。大逆事件と南北朝正閏問題の打撃は、それほど大きかったのです。

同月十四日、桂は訪ねてきた原に「八月末までに政権を去るだろう」と述べています（『原敬日記』）。

同月二十一日、桂は公爵に昇爵。小村寿太郎外相は侯爵に、寺内正毅陸相兼朝鮮総督は伯爵に、平田東助内相・大浦兼武農商務相・珍田捨巳《ちんだすてみ》駐独大使・内田康哉《うちだこうさい》駐米大使は子爵に、加藤高明駐英大使・石井菊次郎《いしいきくじろう》外務次官は男爵に叙爵されています。三井《みつい》・藤田《ふじた》・鴻池《こうのいけ》・住友《すみとも》の当主も男爵になります。最後に、仲間たちや財閥に爵位をバラまいたわけです。

八月二十四日には、勅選《ちょくせん》議員一〇人が任命されています。貴族院に自派勢力を増やすことが目的でした。

翌二十五日、ついに第二次桂内閣は総辞職。桂は後任に西園寺公望を推します。今回も元老会議は開かせず、桂・西園寺の二人で主導権を握るのです。

第一次桂内閣総辞職のときの辞表には、これでもかと業績が並べられていましたが、今回は事績には触れることなく、「力がおよびませんでした。病気になったので辞任します」と淡々としたものでした。「条約改正をやり遂げた！」と誇ってもよさそうなものですが……。

第二次桂内閣は条約改正以外にも、日韓併合、第二回日露協約など外交実績は多いのですが、労力の多くは財政をはじめとする内政問題に取られました。また、大逆事件や南北朝正閏問題など、予想外の思想問題まで起こりました。

政友会との提携も、桂の労力を奪いました。鉄道の広軌化は半島・大陸と互換性が生まれ、きわめて合理的なのに、政友会は現状維持のまま狭軌鉄道を地方に敷くと聞き分けがない。党利党略の原敬と妥協することに、桂は嫌気《いやけ》がさしたのです。

さらに、藩閥内部でも、山県との暗闘を抱えていました。山県、桂、西園寺、原の四人が組んでいるかぎり、他の誰も政権に近づけないのですが、主流派内部での暗闘は桂の心身を疲弊させました。

耄碌《もうろく》した山県と私利私欲の原。桂は、二人との決別を決意します。

それが悲劇の始まりでした。

第五章

政争の渦

――第三次桂内閣と桂新党

内大臣時代の桂(65歳)。衣《い》冠《かん》束《そく》帯《たい》を着用

元老となるも孤立

第二次西園寺内閣が誕生した明治四十四（一九一一）年八月三十日、桂に元勲優遇の詔《しょう》勅《ちょく》が下ります。正式に元老のひとりとなったわけです。原敬によれば、原が桂に「今までの元老は憲政実施前の元老だ。憲政実施後の元老は君より始まる」と告げたところ、桂は「得意の色」を示したそうです（『原敬日記』）。あくまで、原の記述ですが。

しかし、政治力には翳《かげ》りが見え始めます。桂は第一次西園寺内閣では後見人のようにふるまい、「組閣の手伝人」でしたが、今回は意見が通りません。桂が望み、外政と内政で桂の路線を引き継ぐ小村寿太郎外相と後藤新平逓相の留任を、政友会は拒否します。代わって入閣したのが、内田康哉外相と林董逓相です。

桂の意見がかろうじて通ったのは陸相で、石本新六《いしもとしんろく》が就いています。ただ、陸軍は桂というより、山県の牙城です。海相は斎藤実が留任。結局、政友会からは原敬内相・松田正久法相・長谷場純孝《はせばすみたか》文相の三人が入閣しました。蔵相の山本達雄《やまもとたつお》は実業界出身で、政友会とは無縁です。

山本は、自分は財界の代表であるとの自負を持ち、政党嫌いを隠さなかったため、原と対立します。山本と原を調停しようとする財界人に対し、原は不快感を露わにします。

「彼らは、山本と私（原）が対等であるかのように思っているようだ。そこで、『山本は実業家出身だが、入閣後は実業家の代表ではない』と言ってやったが、意味が伝わったかどうかはわからない。山本は政友会の力で入閣したのに、その事情をまったくわかっていない。独力で入閣したかのように思っているのは誤りだ。政友会と対抗する考えならば、入閣の必要はない」（『原敬日記』）。

当初は大きな顔をしていた山本も、入閣後しばらくすると、政友会および原の実力を理解し、おとなしくなりました。現代風に言えば、「経団連会長を財務大臣に迎えたら、勘違いしてしまった」というところでしょうか。

ここで、国内政局の勢力図を確認しておきましょう。基本的には、第四章で示した勢力図（189ページの図14）と変わっていません。

海軍の発言力と政治力が増していますが、桂とは関係が深くありません。いっぽう、陸軍を中心とした山県閥と、桂の距離はさらに遠のいています。桂・西園寺がイニシアティブを取り、元老第一世代からの独立をはかって桂園時代を築いて以来、山県とは溝ができていました。そして今、桂は山県と寺内に挟撃される格好になっています。

桂と政友会の関係は、表面上は「情意投合」でも、裏では「キツネとタヌキの化かし合い」です。そして、第二次西園寺内閣の組閣でもわかるように、政友会への影響力を失いつつあります。

桂は、孤立感を深めていました。原との約束では、政界から永久に引退しなければなりませんが、約束は内輪でのことであり、公式に表明したわけではありません。桂はもう一度、政界に復帰しようとします。ただ、それには山県閥にも政友会にも頼らない第三の方法を模索しなければなりませんでした。

辛亥《しんがい》革命と大陸情勢の激変

国際情勢はどのように変化したのでしょうか。整理しておきます(図18)。国際政治における大国間の枠組は変わりませんが、清国が消えています。辛亥革命によって、崩壊したのです。

辛亥革命は、明治四十四(一九一一)年十月十日に勃発しました。桂は「隣家の火事、少々早かった」と、後藤新平あての書簡に記しています(千葉『桂太郎発書翰集』)。予想はしていたものの、こんなに早く起こるとは思っていなかったようです。

内田康哉外相は何もしません。私は、内田を史上最悪の外相と公言していますが、このと

図18 辛亥革命後の国際情勢(1912年)

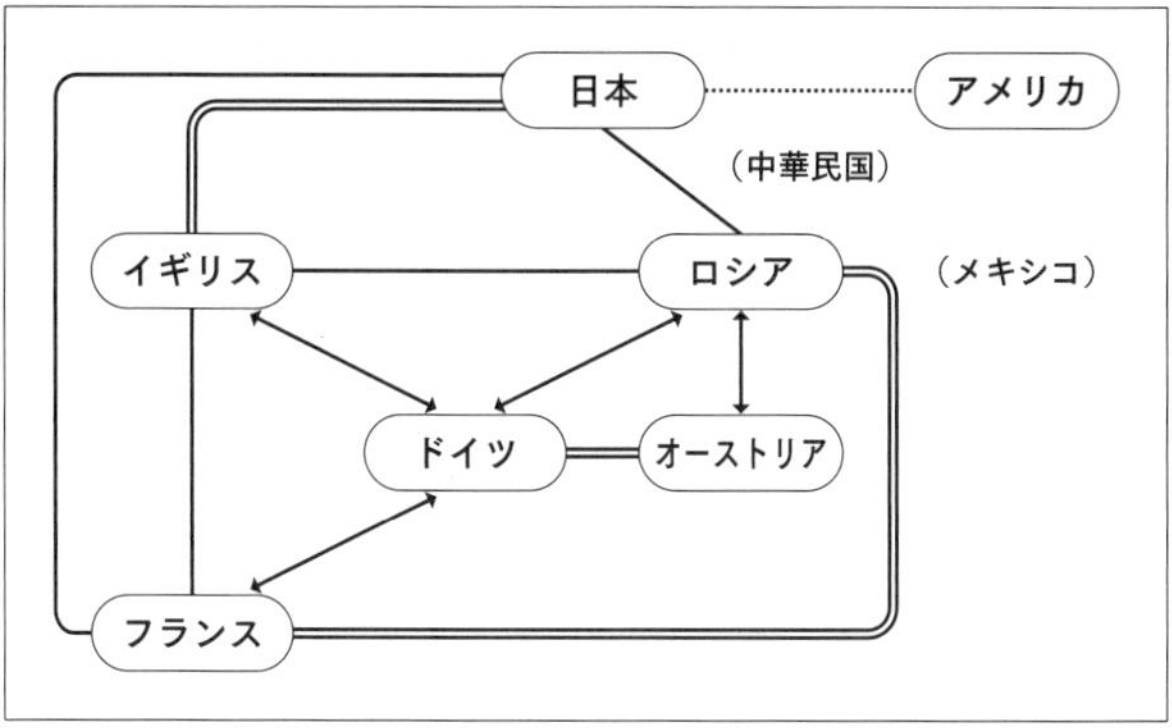

きは何もしなかっただけマシです。内田の悪事の数々は、小著『お役所仕事の大東亜戦争』をご参照ください。

小村寿太郎が外相ならば――と思いますが、その小村はこのころ病《やまい》にあり、翌月亡くなります。小村は生来、頑健なほうではなく、ポーツマス講和会議のころから体調は思わしくありませんでした。桂らは第二次桂内閣の総辞職の際、「小村には仕事以外に何もないので、激職にあれば心身にハリがあるけれども、ヒマになるとかえって衰弱してしまうのではないか」と、小村の健康を心配していました(外務省『小村外交史』)。

十月二十四日の閣議では、満洲の現状を維持し、中国本土に勢力を扶植《ふしょく》することを決定しますが、いったい何がやりたいのかわかりません。四日後の閣議決定も、イギリスと協力しながら清国を立憲君主制にして、清朝と革命軍の調停を行なうとしていますが（千葉『桂太郎』）、そのようなことを本気でできると考えていたら愚かです。

中国の歴史を繙《ひもと》けばわかることですが、中国で革命が起きれば、引き分けはありません。いったん革命が起きたら、やるかやられるかであり、調停など不可能なのです。閣議決定通り、イギリスに打診しますが、イギリスは拒否。何とか対英協調路線は堅持しますが、政友会にとって、外交は関心事ではありませんでした。

年が明けて明治四十五（一九一二）年一月一日、中華民国が成立します。孫文《そんぶん》が臨時大総統に就任しましたが、二月十三日に辞任。三月十日には、袁世凱《えんせいがい》が臨時大総統に就任しました。その間、二月十二日には清朝最後の皇帝、宣統帝溥儀《せんとうていふぎ》が退位しています。

この中華民国は、一種の無法地帯です。慢性的に内戦を繰り返しており、国を名乗っていても、国としての実態はありません。日本が大国として大人のふるまいをすればたいしたことはありませんが、昭和の日本はここにのめり込んで地獄に落ちました。

桂は、韓国駐劄《ちゅうさつ》憲兵隊司令官の明石元二郎にあてた書簡で、「『軍事的』に起こった革命を『文事的』に収めることは根本的にまちがっている。これほど混乱した状況にあっては、二転三転しないと決着しないだろう」と述べています（千葉『桂太郎発書翰集』）。実際、その通りになりました。

朝鮮総督の寺内正毅には、「いわゆる土崩瓦解《どほうがかい》の有様《ありさま》とは今日以後の支那の有様だろう。今日までの帝国の苦辛《くしん》も今日のような場合を予期してのことである。事《こと》なかれ主義ではいけないが、どうにもならない。局外の苦言も聞き捨てられ、お留守番の任務もはたし得ず、心外である」と書き送っています（千葉『桂太郎発書翰集』）。

第二次西園寺内閣の外交に、不満タラタラな様子がうかがえます。

加藤高明を手玉に取る

このころ、陸相の石本新六が重病となり、桂は後任選定に悩んでいました。前述の寺内への書簡の続きには「元帥もあり大将も多々《たた》いるけれども、思慮ある人は実に少数である。あれこれ思い煩《わずら》うと、不安である」と人材不足を嘆いています（千葉『桂太郎発書翰集』）。

その後、石本は回復することなく、在任中の明治四十五（一九一二）年四月二日に亡くなります。後任は、薩摩藩出身の上原勇作です。

桂は来《きた》る復帰に備え、外相候補を探します。外相の内田康哉は頼りない。小村寿太郎は亡くなった。誰か外交をまかせられる者はいないか。桂が探しあてたのは、加藤高明でした。

政友会系の政治家であった加藤は、このとき駐英大使でした。かつては新聞に桂内閣を批判させるなど、桂との関係は良好とは言えませんでした。しかし、四月に加藤が一時帰国した際、山本権兵衛が引き合わせると、二人は意気投合。トントン拍子に話が進みます。そして、桂が「次に内閣組織の際には外務を担当してくれ」と切り出すと、加藤は快諾するのです。

加藤は、桂の術中にすっかりハマったようで、ロンドンに帰任した五月、「今の政界で第一人者はまず桂公であろう」などと、すっかり桂びいきになっています（近藤操『加藤高明 三代宰相列伝』）。

加藤は極端な親英派であり、イギリスと組んでおけば日本は安泰という信念の持ち主です。そして、三菱財閥の総帥・岩崎弥太郎《いわさきやたろう》の娘婿でもありました。三菱は三井、住友と共に三大財閥のひとつに数えられますが、もっとも後発であり、幕末に伸《の》し上がった新興財閥です。そして、三菱以外の財閥は井上馨と懇意にしていましたが、三菱だけは独自性を保ち、松方正義と近い関係にありました。

つまり、桂は三菱の金に目をつけ、加藤に対して暗に「おまえを将来の総理大臣に育ててやる」と接近したわけです。

もし桂が健康だったら、他の人を探したでしょう。加藤は内田よりはマシですが、小村からは二段も三段も劣ります。加藤はのちに首相になりますが、桂が健康で長生きしていたら、首相になれたかどうかは疑問です。

桂は、内政上の後継者は後藤新平と考えていました。桂がのちに創設する政党・立憲同志会《りっけんどうしかい》は桂の死後、加藤が党首となると、後藤は脱党しています。後藤と加藤のどちらが優秀かは、評価が分かれるところですが、加藤が岩崎の娘婿でなければ次期外相候補に選ばれず、その後の栄達がなかったことは確かです。

明治四十五（一九一二）年五月十五日、第十一回衆議院議員総選挙が行なわれました。結果は、与党・政友会が二一一議席を獲得して、圧勝でした。このときの総議席数は約三八〇ですから、余裕の過半数です。野党の国民党は九五議席にとどまっています。

明治天皇崩御

桂が加藤高明との関係を修復したのには、もうひとつ理由がありました。人生四度目のヨーロッパ行きを考えていたのです。目的は、イギリスの政党政治を学ぶことです。

イギリス政治の表面的なことは日本にいてもわかるが、政治の楽屋裏はどのようなものか、どのようにして政党を維持しているのか、保守党《ほしゅとう》〔Conservative Party〕と自由党《じゆうとう》〔Liberal Party〕の政権の授受の具合などを直接、イギリスの政治家から聞こうとしたのです（若槻『明治・大正・昭和政界秘史』）。

明治四十五（一九一二）年七月二日、桂は参内し暇《いとま》を請うと、明治天皇から一万五〇〇〇円を下賜されています。これは伊藤博文に次ぐものでした（小林『桂太郎』）。伊藤は勅許政党として政友会をつくりました。歴史学者の小林道彦《こばやしみちひこ》氏は、もし明治天皇が長命であったら、桂がつくった新党・立憲同志会も勅許政党になった可能性はあると述べていますが（小林『桂太郎』）、同感です。

七月六日、桂は後藤新平や若槻礼次郎らと訪欧の旅に出ます。後藤はともかく、桂と若槻の関係を意外に思われるかもしれません。

のちに総理大臣となる若槻は大蔵官僚の出身であり、第二次桂内閣では大蔵次官を務めました。第二次西園寺内閣に代わる際には、山本達雄蔵相に留任を要請されましたが、断わっています（若槻『明治・大正・昭和政界秘史』）。

第四章で、第二次桂内閣で桂自身が大蔵大臣を兼任して健全財政に取り組んだこと、この健全財政は現在の財務省の健全財政とは異なることについて述べましたが、大蔵官僚の若槻や浜口雄幸《はまぐちおさち》らにすれば、大いに賛同するところであり、のちに桂がつくる政党に入るのは必然でした。

ヨーロッパへ出発した直後の八日、第三次日露協約が結ばれます。辛亥革命に対応する内容で、既存の外交の枠組みを守っています。まだまだ大日本帝国は正気です。

桂一行はロシアのサンクトペテルブルクで天皇大患の知らせを受けると、イギリスに向かうことなく、帰国を選択します。しかし、二十九日の明治天皇のご臨終には間に合いませんでした。大帝崩御の報を、桂はウラル山脈のシズラン駅で受けています。

内大臣に就任

明治四十五（一九一二）年八月十日、桂らは神戸に到着。その後、桂が乗った東京行きの列車に、途中の浜松《はままつ》で寺内正毅が乗り込んでくると、再起を志していた桂に内大臣への就任を求めます。内大臣は天皇に近侍《きんじ》し補佐するものですが、行政府からは独立しており、政治権力はありません。桂を宮中に入れて、棚上げしようとの魂胆です。

政界から永久に引退するとの原敬との約束は具体性に欠けた不明瞭なものでしたが、今度は山県有朋による、桂の政界からの完全な排除です。山県は桂を退けて寺内を後継者にしようとしており、よりによって、その寺内を差し向けたのです。これは、陰険な山県の悪意以外の何物でもありません。

桂は、寺内に何を言われても無視します。しかし、明治天皇の慰霊に拝礼し、皇太后から、重病の陛下が一言「桂はロシアに着いたか」と仰せられたとの言葉に、桂は涙を流し、いっさいの私情をなげうって新帝に奉仕する決意をしました（若槻『明治・大正・昭和政界秘史』）。桂系官僚の若槻礼次郎の描写ですから、誇張もあるかもしれませんが、嘘ではないでしょう。

それでも、桂が健康ならば粘りに粘って断わったでしょう。病身の桂には周囲の圧力に抗する体力・気力が失われていたのです。

八月十三日、桂は内大臣兼侍従長に就任します。明治天皇には徳大寺実則が仕えましたが、その役割を今度は桂が大正天皇に対して務めるわけです。

結局、山県の思惑通りとなったわけですが、新聞や世論は同情することなく、「身のほど知らず」「不謹慎」「幼帝を思うままに操ろうとしている」などと攻撃してきました。維新以後に内大臣を務めた三条実美《さんじょうさねとみ》も徳大寺実則も公家出身でした。桂の出自はけっして悪くはありませんが、皇室とは縁のない武家であり、これを攻撃材料としたわけです。

桂には、これら誹謗中傷《ひぼうちゅうしょう》や激務を予測できたからこそ、固辞したのです。

宮中の仕事と言うと、優雅で雅なものを想像しがちですが、けっしてそうではありません。『続お鯉物語』によれば、毎日朝早くから夜遅くまで、一日も休まず新帝のおそばで奉仕し、夜も十～十一時に退出することも珍しくなかったそうです。「いつ休むのか」というお鯉の問いに、桂は「それは誰かわしに代わってくれる人間のできたときじゃ。人生は五〇年と言うが国家は無窮《むきゅう》である。わしは国家を背負って立つ人材に、一日も早く出てもらいたいのじゃよ」と答えています。そして、桂の健康は、このころから著《いちじる》しく衰えが見え始めていました（『続お鯉物語』）。

二個師団増設問題

日本は日露戦争に勝利しましたから、領土と勢力範囲が広がりました。陸軍は、大陸・朝鮮経営には八個師団が必要であると言い出します。当時は全一九個師団。ここから一気に八個師団も増やせないので、まずは四個、四個が無理なら……と譲歩して、二個師団になりました。ですから、陸軍にとって絶対に譲れない線であり、政界を巻き込んだ政治問題となります。いわゆる二個師団増設問題です。

この二個師団は、朝鮮半島駐屯を目的としたものでした。帝国陸軍の二個師団は平時で約二万人、戦時で約五万人です。いっぽう、現在の韓国陸軍は約五〇万人（常備軍）。これに、在韓米軍三万人弱を合わせた約五三万人で、朝鮮半島南半分を守っています。ちなみに、北朝鮮の陸軍は一〇〇万人規模ですが、この数字は異常なので無視します。

つまり、現代の韓国軍が約五三万人で守っている面積の二倍の領土を、二万人程度で対応しようとしたのです。

背景には、第四章で述べた亡国の作文「帝国国防方針」があります。前述の通り、明治四十（一九〇七）年に日露協商が結ばれており、日露関係は安定していました。にもかかわらず、陸軍は仮想敵からロシアを外しません。そして、仮想敵ロシアから朝鮮を守らねばならないと主張し、予算を要求したのです。

海軍もまた、陸軍に予算を取られては困るので、アメリカを仮想敵とします。明治四十一（一九〇八）年に調印された高平・ルート協定の調印後も、移民問題など日米間の摩擦が消えたわけではありませんが、アメリカと戦争になるような事態ではありません。でありながら、「八・八艦隊」を要求するのです。戦艦・巡洋戦艦、各八隻を中核とした大艦隊建造計画です。

外交状況が安定しており、ロシアやアメリカと戦争にならないことを、陸軍も海軍も承知しています。しかも、戦争後で財政状態が苦しいにもかかわらず、セクショナリズムを炸裂させている。日露戦争の勝利からわずか六年、日本の陸海軍は早《はや》、この体たらくです。

前田蓮山によれば、二個師団増設を言い出したのは朝鮮総督の寺内正毅でもなく、陸相の上原勇作でもなく、軍務局長の田中義一《たなかぎいち》（のちに首相）でした。その動機は「当時の陸軍は下級将校が余っており、彼らをせめて大尉ぐらいで退職させなければかわいそう」です。つまり、下級将校の置き場をつくるためだったのです。山県有朋は、田中の熱意に押されて、これに賛成しています（前田『原敬　三代宰相列伝』）。もちろん、これだけがすべてとは思えませんが、基本からして、身内びいきのお役所仕事です。

大正政変

二個師団増設問題と、それにともなう第二次西園寺内閣の倒閣について、教科書などでは、次の通説が展開されています。

通説：藩閥支配の元凶・山県有朋は腹心の桂太郎を宮中に送り込み、支配を強化した。

これを世論はよく思っていなかった。そこに、折から問題となっていた二個師団増設問題が先鋭化した。上原勇作陸相は西園寺公望首相に強硬に申し入れたが、物別れに終わったため、帷幄上奏権《いあくじょうそうけん》を用いて、閣議に諮《はか》らずに、大正天皇に単独で辞表を提出した。山県は軍部大臣現役武官制のもと、「二個師団増設を認めないかぎり後任を出さない」と譲らず、第二次西園寺内閣は総辞職に追い込まれた。世論は憤り、「閥族《ばつぞく》打破・憲政擁護」を掲げ、歌舞伎座に民衆が一万人も集まるような大騒動となった。大命降下した桂は組閣にあたって勅語を乱発し、官僚勢力を操り、議会工作を行なったため、火に油を注いだ。そして尾崎行雄の「憲政擁護演説」に代表されるように、護憲運動が起こり、第三次桂内閣は退陣に追い込まれた。これを「大正政変」と言う。

しかし、この通説は研究によって、かなり修正されています。

まず、山県が桂を宮中に入れたのは前述の通り、桂から政治権力を奪うためであり、自分の宮中支配を強化するためではありません。そもそも、山県にとって、この時点での桂はとても「腹心」と呼べるようなものではありませんでした。

次に、上原勇作ですが、「単独で」判断・行動できるほどの権力を持っていません。当時の陸軍の主要人物を世代順に並べると、山県・桂・上原（陸相）・寺内正毅（朝鮮総督）・田中義一（軍務局長）・宇垣一成（軍事課長）ですが、薩摩藩出身の上原は長州閥に挟まれ、自由な意思表示はできません。上原は、長州閥の傀儡《かいらい》なのです。

ちなみに、宇垣は岡山出身ですが、のちに長州閥の領袖候補に挙がっています。維新から三〇年以上たつと「藩閥」もゆるくなり、他県出身の「長州閥」もいるのです。

さらに、このとき山県の意図は条件闘争にあり、倒閣にはありませんでした。ここで西園寺内閣を潰してしまったら、せっかく宮中に押し込めた桂が政界に復帰する機会を与えてしまいますから。

このように、桂と山県が対立していたこと、上原が傀儡であること、山県の真意（条件闘争にすぎず妥協可能）などは当時、一般的には知られていません。しかし原敬は知っていました。原はこれらの真相を知りながら、わざと総辞職して、民衆運動に火をつけたのです。

原は、「誰が出てこようが、元老・藩閥勢力の打ち立てる内閣など潰してやるぞ」と、かまえていました。実際、次の第三次桂内閣（後述）を潰しています。潰したあとには、海軍の山本権兵衛を担ぎ、事実上の政友会内閣をつくりました。ですから、最も上手《うま》く立ち回ったのは原です。

真相は？

ここまでは、通説の修正第一段階です。ここから第二段階です。現在では、さらに修正されており、この大正政変の一連の過程をすべて操った黒幕が明らかになっています。前項で述べた原敬も含め、すべての人間を思い通りに操った人間がいる。それが誰なのか、小林道彦氏の研究をもとに検証していきます。

二個師団増設問題に関しては、桂も相談を受けていました。桂は、大正元（一九一二）年八月十七日に訪ねてきた西園寺公望に対しては「山県有朋と相談したほうがいい」、翌日の原敬には「上原勇作の顔を立てて、朝鮮国境に兵を置くぐらいで妥協できるのでは」（宇野『桂太郎』）と答えています。軽く流したわけです。桂に言われた通り、西園寺は山県を訪ねますが、押し問答になるだけで解決しません。

原は、西園寺内閣が近いうちに倒されることを予測していました。そして、山県が強硬に主張するのなら、逆に内閣総辞職を武器にしようとさえ考えていました。かつて、山県は政友会誕生の直後、あえて早めに内閣総辞職して、準備ができていない政友会に政権を押しつけ、権力を大幅に削《そ》いだことがありました。原は、今度はやり返そうと待ちかまえていたのです。

十月末、山県は桂を元帥にしようとします。自由な政治活動を望んでいた桂を、山県は檻《おり》に閉じ込めようとしたのです。しかし、桂は拒否。結局、桂は後備役となり、政界復帰に向けた下準備を始めます。

この問題には大蔵省も絡《から》んでいましたが、内相の原は「これは事務的範囲を超えたハイ・ポリシーだ」と、引っ込ませました。こうして、政友会と陸軍の一騎打ちとなります。

原が桂に調停の方法を問うと、桂は「増師を一年延ばして二年後（大正三年）の実行としたら、陸軍も応じるだろう」と助け舟を出します。いっぽう、桂系官僚は桂を担ぎ上げて倒閣を企《くわだ》てます。しかも、桂がそれに乗ってしまいます。「一年延期すれば大丈夫」と言ったばかりなのに、「やっぱり二年後」と前言を翻《ひるがえ》すのです（前田『原敬　三代宰相列伝』）。

十一月二十九日、上原は突然「閣僚が総理大臣に逆らってはいけない」と、増師撤回を表明します。この心境はわかりにくいと思うので、説明します。

現在、大臣のほとんどは自民党出身です。大臣になるには、まず自身が所属する派閥の領袖の推薦が必要ですが、それを総理大臣が認めなければなりません。ですから、派閥が異なっていても、総理大臣への忠誠心を持っている閣僚も少なくありません。このときの上原も、同じような小心者です。長州閥の推薦で大臣になれたけれども、実際に閣僚に採用してくれたのは西園寺であり、恩義に感じています。

ところが、財部彪《たからべたけし》ら薩摩閥が、強硬に上原を焚《た》きつけます。上原が妥協に傾いていると聞き、「進退を誤ることなきよう」と注意するのです（財部彪著、坂野潤治ほか編『財部彪日記』下）。実は、桂も一枚嚙《か》んでいます。ちなみに、財部は山本権兵衛の娘婿であり、当時、海軍次官でした。

上原は悩み始めます。桂と山県の暗闘はよほど近しい関係でなければ、わかりません。周囲は、桂はいまだに山県の腹心と見ていました。桂らの言葉を山県の意向と思ったからこそ、上原は悩んでしまったのです。

桂の就いた内大臣兼侍従長は本来、政治的に中立でなければなりません。明治期の史料を読むと、要所要所に明治天皇の侍従長・徳大寺実則が出てきますが、具体的な働きはわかりにくい。控えめだったからです。それだけ職務に忠実で、公平な人でした。

対して桂は、中立からはほど遠い人です。どんなに「私は公正中立で、天皇陛下のみに忠誠を誓います」と声を大にして言ったとしても、誰も信じません。そして、大正天皇は即位されたばかりで若く、明治天皇ほどの威厳や権威はありません。

ですから、なおのこと、上原は桂が山県の意向を呈していると思い、悩むのです。悩んだ結果、上原は増師要求を提出し、十一月三十日の閣議で否決されました。そして、翌々日の十二月二日、帷幄上奏権を使って単独辞職します。なお、前述の通り、上原は傀儡にすぎないので、後任大臣の指名権も、後任を出さない決定権もありません。

十二月一日、山県は「勅語を出したらどうだろうか」と、みずから起草します（小林『桂太郎』）。山県には、なぜ上原がこのような行動を取ったのか、さっぱりわかりません。上原は山県の子分ではないため、密にコミュニケーションが取れていませんでした。そこで、元老筆頭として収拾しなければならないと、筆を執ったわけです。元老がみずから文章を書くのは、よほどのことです。そして「桂、これを取り次げ」と勅語文を渡します。

山県は「これでよし」と一件落着のつもりが……甘かった。桂が、それを握り潰したのです。

真の黒幕

桂は、山県有朋の起草文を止めておいて、西園寺公望に「増師を受け入れたらどうか」と無条件降伏を迫ります。

西園寺にすれば、増師を受け入れること＝陸軍への屈服であり、受け入れがたい。そして大正元（一九一二）年十二月三日、「いったん上原の辞表を留《と》め置いてほしい」と上奏します。午後には、山県を訪ね「後任は？」と尋ねると、山県はまだ条件闘争のつもりで、「妥協してくれたら出す」と返答します。

西園寺と原敬は「そうか、山県はあくまでも倒閣するつもりなのだ」と思ってしまいました。山県の妥協的な意向は桂が止めているので、西園寺も原も知りません。

原は、山県と全面対決する覚悟をします。桂の宮中入りの時点で、世間では藩閥への批判が渦巻いていました。「ここで政友会が下野して一戦交えれば、憲政擁護運動が起きる」と原は読んでいました。

このころ、跳ねっ返りの尾崎行雄が政友会に復帰していました。尾崎は、国民党の犬養毅とウマが合います。犬養と尾崎は共に演説が上手で、国民に人気があります。二人が演説会を開けば一万人も集まり、気炎が上がります。

そして十二月五日、第二次西園寺内閣は総辞職しました。

事《こと》ここにおよんでも、山県は何が起きたのか、よくわかっていません。「条件闘争のつもりだったのに、原はずいぶん強硬だな」くらいにしか考えていません。山県も今や七十代半ば、もはや昔の冴《さ》えはなく、桂・原の台頭に対して、自分の地位を守ることしか考えられない〝老害〟老人でした。この政変では、振り回されるだけの人だったのです。

西園寺内閣が総辞職したので、後任を決めなければなりません。十二月六日、元老会議が開かれますが、なかなか決められません。長々と議論した結果、西園寺の留任を決議しますが、西園寺は固辞。松方正義、山本権兵衛、平田東助などにも打診しますが、ことごとく断わられます。元老会議で決めた人が、誰も引き受けない。元老の権威は失墜しました。

一週間後に開かれた元老会議では、なんと桂が寺内正毅を推薦します。「山県さん、いっそあなたが大好きな寺内さんではどうですか」と言わんばかりに。しかし、この不安定な政局に、宰相経験のない寺内を放り込めば、あっという間に潰されるのは明らかです。山県は反対し、寺内を守りました。

思い余った山県は、宮中に入ったばかりの桂に「宮中を出てくれ」とは言えないから、「自分がやる」と言い出します。これは、「桂、おまえが総理大臣になってくれ」との意味です。

ここで、もし桂が健康だったら、山県にやらせたでしょう。これこそ、山県を政治的に完璧に葬れるシナリオです。しかし、桂は健康問題を抱えて残された時間が少ないうえに、西園寺にも「出たり入ったりは気にするな」と背中を押され、「いやいや、山県さんにやらせるわけにはいきませんよ。私が引き受けましょう」と言うのです。

十二月十七日、桂に大命が下ります。西園寺内閣を倒し、山県を追い詰め、晴れて元老全員の賛成を得て宮中から脱出し、首相に返り咲きました。つまり、二個師団増設問題の真の黒幕は桂だったのです。

しかし、ここまで引っ張りながら恐縮ですが、歴史の事件・事例において、黒幕探しはあまり意味がありません。どのような流れで歴史が動いたかのほうがよほど重要です。

第三次桂内閣と桂の決意

大正元（一九一二）年十二月十七日、桂は、東京・目白《めじろ》の椿山荘《ちんざんそう》に山県有朋を訪ねます。

「国家のこと、およばざるながら私という弟がいます。兄さん〔山県〕が心を悩ませる必要はありません。しばらくはさびしくても、心安らかに静養してください」（前田蓮山『歴代内閣物語』上）と表面的には慰《なぐさ》め労《いたわ》りながらも、「おまえは寝ていろ」との勝利宣言です。

「宮中府中の別」、これは宮中と政府は分離していなければならないという考えを示したものです。明治初期、宮中官僚が天皇親政を試みたことがあり、これを伊藤博文らが懸命に抑えたという歴史がありました。その後、明治天皇の御代《みよ》には、前述の徳大寺実則という抑制の利《き》いた人物が内大臣兼侍従長を務め、問題は起こりませんでした。

この「宮中府中の別」を桂は乱したと批判されることは予想できたので、桂は先手を打って、大命降下と同時に、大正天皇から「卿《けい》をして輔国の重任に就かしめんことを惟《おも》ふ」と勅語を賜ります。しかし、これが「天皇の政治利用」と批判され、見事に逆効果となるのです。抗議の声は、全国に広がりました。

原敬は「政友会は人気がある。今ウカウカと妥協などして人気を落とさないよう注意しよう」と、日記に書いています。また「新内閣の顔ぶれは、わが党と戦おうと準備しているように見える」とも（『原敬日記』）。これは、選挙干渉や買収工作の常習犯・大浦兼武内相のことを指していると思われます。

十二月十八日、桂は政友会総裁・西園寺公望を訪問したときに「大浦を内務大臣にしたのは抜せぬ太刀《たち》だ」と言うと、西園寺は「我々を斬るの意味か」と問うています。桂は苦笑したそうです（『原敬日記』）。日記には「今回の問題の副産物は、元老がまったく口出しできないようになったことだ」と桂が喜んでいる様子も書かれています。

第三次桂内閣の閣僚を挙げてみます。

第三次桂内閣

総理大臣	桂太郎
外務大臣	桂太郎→加藤高明
内務大臣	大浦兼武
大蔵大臣	若槻礼次郎
陸軍大臣	木越安綱
海軍大臣	斎藤実
司法大臣	松室《まつむろ》致《いたす》
文部大臣	柴田《しばた》家門《かもん》
農商務大臣	仲小路《なかしょうじ》廉《れん》
逓信大臣	後藤新平

山県系官僚はひとりもおらず、ほぼ全員が桂系です。唯一の例外が、海軍大臣の斎藤実です。海軍とは二個師団増設問題で対立しており、「八・八艦隊を認めないと大臣を出さないぞ」と言ってくることが予想されたので、勅語によって、斎藤を留任させたのです。しか

し、勅語の連発は、天皇の政治利用だとの批判をますます強めます。

山県は、桂が政友会と提携して内閣をつくるだろうと考えていました。また、桂と山県の敵対関係を知らない世間・国民は、山県─桂と西園寺─原の談合で政治を行なうと思っていました。しかし、桂は山県（藩閥）と原（政友会）の両方を敵に回します。桂がそのような決心をしたのは、病に侵されていることを知っていたからでしょう。いつの時点で発症したかは特定できませんが、胃がんです。

桂は総理になった直後に二個師団増設問題を凍結します。上原には「やれ」と言っておきながら、自分はしない。さらに、軍部大臣文官制の導入すら考えていました（田健治郎伝記編纂会編『田健治郎伝』）。山県や寺内のみならず、軍そのものを抑え込む体制づくりを考えていたのです。

桂園時代の一二年間、藩閥官僚と政友会は権力を独占し、総理大臣候補は桂と西園寺の二人しかいませんでした。表向きは安定した政権運営でしたが、実際は暗闘の連続です。桂から西園寺に移るときは原敬が脅迫し、西園寺が引きずり降ろされるときは山県有朋の陰謀が存在する。

深く溜まったマグマが、ここに爆発することとなります。

桂新党

第三次桂内閣が誕生した大正元（一九一二）年末から翌二年一月にかけて、憲政擁護運動が一気に盛り上がります。

桂は政友会員を買収するため、院内総務の伊藤大八《いとうだいはち》に五万円を払いますが、切り崩しはなりませんでした。伊藤が五万円を受け取ったのは、逆に買収防止策のためでした。「自分にまかせろ」と言って、桂がほかに手を回さないようにしたわけです。その結果、買収されたのは三人だけでした（前田『歴代内閣物語』上）。

一月二十日、桂は新聞社・通信社の代表者を私邸に招き、新党組織計画を発表します（前田『歴代内閣物語』上）。新党結成を発表すれば、政友会から多くの脱党者が出ると考えたのです。実際、犬養毅が率いる国民党からは四〇人が脱党し、勢力は半減しています。しかし、肝心の政友会が崩れなかったため、予想したほどの人数は集まりませんでした。

内閣不信任案を出されそうになると、桂は議会を一五日間の停会にしています。その間、政友会・国民党のさらなる切り崩しを試みますが、状況は好転するどころか悪化します。このやり方は、憲政擁護運動の火に油を注ぐだけでした。

停会明けの二月五日、尾崎行雄の「憲政擁護演説」が行なわれます。「彼らは玉座をもっ

荒れる議会

『東京日日新聞』大正2(1913)年2月6日付に掲載された議会の様子

て胸壁となし、詔勅をもって弾丸に代えて政敵を倒さんとするものではないか」と、桂内閣を攻撃。同日、政友会は内閣弾劾決議案を提出。桂はふたたび、五日間の停会とします。

当時の新聞は「ああふたたび停会となった　昨日の議会スケッチ」と題して、この日の政治家たちを描いています（写真）。桂は「言い抜けのできた顔、行き詰まった顔、眼鏡越しの演説ぶり」と書かれ、原敬は尾崎の演説を聞きながら、頭を抱えています。中央に「詔勅の伝達が……」とありますが、桂が利用したのは「勅語」です。このような基本的なこともまちがえている有様です。

しかし、尾崎の演説に民衆は沸き、桂内閣打倒の運動は燎原《りょうげん》の火のごとく広がります。二月七日、桂は新党・立憲同志会の宣言書を発表。同党は「桂新党」とも呼ばれました。

池辺三山は早くから桂が政党を組織することを予測し、すでに第二次桂内閣の時代に次のような記事を書いていました。

「桂も結局、政党をこしらえることを思うているだろうと私は見ている。抑えることは抑えても、政党がないと不自由でしょうがない。だから政党をつくるということは始終腹のなかにあるだろうと思う。……どうかした場合には政友会総裁などにならぬともかぎらんと思う。政友会のほうでも、あるいは西園寺を総裁にするよりか、桂を総裁にすることを好むものがたくさんあるかもしれんて、……そして今のところは超然党でやっているが、しまいには政党政治をやるだろうと思う」(池辺『明治維新三大政治家』)。

しかし、新党をつくっても十分な準備ができていませんから、このまま解散しても選挙に勝つ見込みはありません。翌八日、桂は不信任案の撤回を求めて、政友会総裁・西園寺公望と会見しますが、腹の探り合いに終始します。

二月九日、最後の手段として、またしても勅語によって西園寺に妥協を迫ります。政友会の幹部は勅語に従うしかないと主張しますが、一般党員たちは、桂が天皇を政治利用しているのだから、そんな勅語に従う必要はないと騒ぎます。

しかし、公家それも五摂家《ごせっけ》に次ぐ家格の清華家《せいがけ》出身の西園寺にすれば、どんな背景があろうとも勅語は勅語であり、天皇陛下のお言葉をないがしろにはできません。「勅語」に逆らったら逆賊ですから。そして、西園寺は総裁を辞任するのです。実際には、辞表は処理されなかったようですが、西園寺は京都に引きこもり、党から離れます。そして、政友会は総裁不在のまま、倒閣へと走ります。

桂にとどめを刺しに来たのが、海軍の山本権兵衛です。「幼帝をさし挟んで政権を専《もっぱ》らにする」などと、桂をさんざん怒鳴りつけます。売り言葉に買い言葉で、桂はつい「じゃあ、辞めてやるよ」と言ってしまいます。山本はその日のうちに「桂が辞めると言ったぞ」と、政友会本部に乗り込むのです（徳富『公爵桂太郎伝』坤巻）。

〝首切り役人〟となったのは、衆議院議長の大岡育造《おおおかいくぞう》でした。長州人であり、桂とは親しい間柄の大岡は「門の外では反政府の群衆が暴発寸前だから、議会を解散などしたら内乱になるかもしれない」と説得します（前田『歴代内閣物語』上、若槻『明治・大正・昭和政界秘史』）。山本の言葉で辞任したとなると、桂は、もう二度と浮上できません。たいして実力はありませんが、同郷の友人に説得されたということにしました。

大正二（一九一三）年二月十日、桂は内閣総辞職を決定し、議会にはさらに三日間の停会を命じました。しかし、「辞職」を知らない民衆は、「また停会か」と爆発。日比谷焼打ち事件に匹敵する暴動が起こったのです。

最長政権と最短政権

桂にとって三度目の辞表になりますが、誇りたくても業績はなく、石もて追われるがごとく辞任したため、その内容は内大臣時代のことにも触れながら忠誠心をアピールしつつ、ひたすら謝っています。政治家としての桂太郎は、ここで終わりました。ちなみに、第三次桂内閣は史上二番目の短命内閣です（図19）。

もっとも短いのは東久邇宮《ひがしくにのみや》（稔彦王《なるひこおう》）内閣ですが、これは大東亜戦争敗戦後の混乱期です。平時では、第三次桂内閣がもっとも短命です。平成初期、女性問題でイメージダウンを招いた宇野《うの》（宗佑《そうすけ》）内閣、少数与党で発足当初から不安定だった羽田《はた》（孜《つとむ》）内閣も短かった印象がありますが、それらよりも短いのです。

明治・大正時代にあってはもっとも短いですから、当時の人にすれば、桂はもっとも長い内閣（第一次）ともっとも短い内閣（第三次）を担当した総理大臣だったのです。

図19　内閣の短期ランキング

順位	内閣	日数	期間
1	東久邇宮稔彦王内閣	54日	1945年 8 月17日～10月 9 日
2	第3次桂太郎内閣	62日	1912年12月21日～1913年 2 月20日
3	羽田孜内閣	64日	1994年 4 月28日～ 6 月30日
4	石橋湛山内閣	65日	1956年12月23日～1957年 2 月25日
5	宇野宗佑内閣	69日	1989年 6 月 3 日～ 8 月10日
6	林銑十郎内閣	123日	1937年 2 月 2 日～ 6 月 4 日
7	第2次山本権兵衛内閣	128日	1923年 9 月 2 日～1924年 1 月 7 日
8	第1次大隈重信内閣	132日	1898年 6 月30日～11月 8 日
9	鈴木貫太郎内閣	133日	1945年 4 月 7 日～ 8 月17日
10	阿部信行内閣	140日	1939年 8 月30日～1940年 1 月16日

※首相死去などにともなう臨時代理を除く

大正二（一九一三）年二月二十日、山本権兵衛が内閣を組織します。

第一次山本内閣
総理大臣　山本権兵衛
外務大臣　牧野伸顕（原敬の後輩）
内務大臣　原敬（政友会幹部）
大蔵大臣　高橋《たかはし》是清《これきよ》（その後、政友会入党）
陸軍大臣　木越安綱→楠瀬《くすのせ》幸彦《さちひこ》
海軍大臣　斎藤実
司法大臣　松田正久（政友会幹部）→奥田《おくだ》義人《よしと》（政友会）
文部大臣　奥田義人→大岡育造（政友会）
農商務大臣　山本達雄（その後、政友会入党）
逓信大臣　元田肇（政友会）

総理大臣と留任した陸海軍大臣以外は、全員政友会関係者という「原敬傀儡《かいらい》内閣」です。木越陸相も斎藤海相も、在任期間中は政友会に忠実でした。ここに、長かった桂園時代は終わりました。桂が裏切り、黒幕として動き、すべてを自分の思い通りにした瞬間に、逆襲を食らい、無残な敗北をしたのです。

終章

国の未来を見通す目

——桂が我々に提示した問題

桂の家族。左から妹駒子《こまこ》、五女壽満子《すまこ》（のちに伊藤博文の実子文吉《ぶんきち》の妻）、桂（65歳）、孫廣太郎《こうたろう》、妻可那子《かなこ》、孫友子《ともこ》、五男新七《しんしち》、四男五郎《ごろう》、孫壽雄《ひさお》、井上三郎《いのうえさぶろう》（桂の次男で井上勝之助《かつのすけ》の養子）

桂が目指したもの

なぜ、桂は新党・立憲同志会を結成したのでしょうか。桂は、西園寺公望と交互に政権を担当する、安定した桂園体制を築き上げました。桂が政党を組織するということは、この体制を壊すことになります。それはなぜか。

桂は、官僚を押さえ藩閥の代表である山県と衆議院第一党・政友会の実力である原敬の間にあって、ときに談合しながら、日英同盟から条約改正までの華々しい成果を挙げてきました。しかし、一見安定して見える桂園体制ですが、桂本人はもちろん、同時代の識者たちにも、その限界が見えていました。

たとえば、イギリスのマクドナルド駐日大使はすでに、第二次西園寺内閣中期の明治四十五（一九一二）年二月二十九日、日本の政界は桂系の新党と政友会によって二大政党制へと収斂《しゅうれん》していくであろうとの見通しを、グレイ外相あての報告で述べています（小林『桂太郎』）。

山県は醜《みにく》く権力にしがみつくだけで、官僚のセクショナリズムを体現し、主張することは妄言ばかり。いっぽう、原と政友会は私利私欲を追求する利権屋ばかり。

これではいけない、イギリスのように政権交代できる二大政党制を目指さなければならない。そのひとつを最大勢力である政友会とすると、もうひとつは政友会の利権に与《あずか》れない人たちの意見や利益を汲《く》み取る政党にしなければいけない——と桂は考えたのです。そして、みずから桂園体制を破壊し、立憲同志会を立ち上げたのです。

立憲同志会の代議士に、「反軍演説」で知られる斎藤隆夫《さいとうたかお》がいます。斎藤は、憲政擁護運動の余波を受けて大正二（一九一三）年二月四日に国民党を脱党、桂の新党結成に参加します。

その著書によれば、二月十一日に第三次桂内閣が総辞職し、選挙区に戻ると、「脱党組は変節漢の汚名を浴びせかけられて、時々弥次《原文ママ》や妨害に遭《あ》うこともあったが、私〔斎藤〕は心中期するところあり、遠からずして我々が先見の明を誇るときの来ることを確信していた」と述べています（斎藤隆夫『回顧七十年』）。

「先見の明」とは、それまでの藩閥と政友会の対立構造が二大政党制へ移行することを指しています。斎藤は桂の理想を理解し、新党に参加したのです。

斎藤は昭和十五（一九四〇）年二月二日、軍部におもねる雰囲気が蔓延《まんえん》していた帝国議会において、支那事変の処理に批判的な「反軍演説」を行ない、議員を除名された気骨の人です。

近代日本における二大政党制

近代日本における二大政党制の流れを簡単に説明しましょう（図20）。図は基本的に左側が第一党、右側が第二党です。

まず、左側です。板垣退助が結党した自由党の後進が、政友会です。政友会は明治三十三（一九〇〇）年に結党し、昭和七（一九三二）年の五・一五事件で政党内閣が終焉《しゅうえん》する三二年間のうち約二五年、第一党でした。五・一五事件後も、昭和十五（一九四〇）年に大政翼《たいせいよく》賛会《さんかい》ができて解党するまで存在しています。政友会は官僚と組んで第一党の座を独占し、金や利権のバラマキによって権力を拡充しました。

次に、右側です。大隈重信の改進党は紆余曲折《うよきょくせつ》を経て、立憲同志会に糾合されます。桂は政友会に対抗するために立憲同志会を結成し、バラマキを嫌う大蔵省から若槻礼次郎や浜口雄幸らを勧誘して、健全財政を目指したのです。外交面においては日英同盟を基軸とし、親英派の加藤高明を取り込みました。

桂の死後、立憲同志会の党首となった加藤は苦節十余年、政友会に対抗する新党・憲政会《けんせいかい》をつくります。昭和二（一九二七）年六月一日、憲政会は政友本党《せいゆうほんとう》と合同して立憲民政党《りっけんみんせいとう》（以下、民政党）となりました。これにより、「憲政の常道」と言われる二大政党時代が到来したのです。ちなみに、民政党側は政権につけない野党時代が長かったため、離合集散が激しく、名前がコロコロ変わっています。

戦前、二大政党制が可能となったのは、政友会は三井財閥が、憲政会（民政党）は三菱財閥が資金援助したという裏事情もありました。

また、板垣と大隈がめったに提携しなかったのは、支持層が異なるからです。板垣の自由党が田舎の地主の利益代表であるのに対して、大隈の改進党は都市のインテリ、プチブルの利益代表でした。

図20 政党の変遷

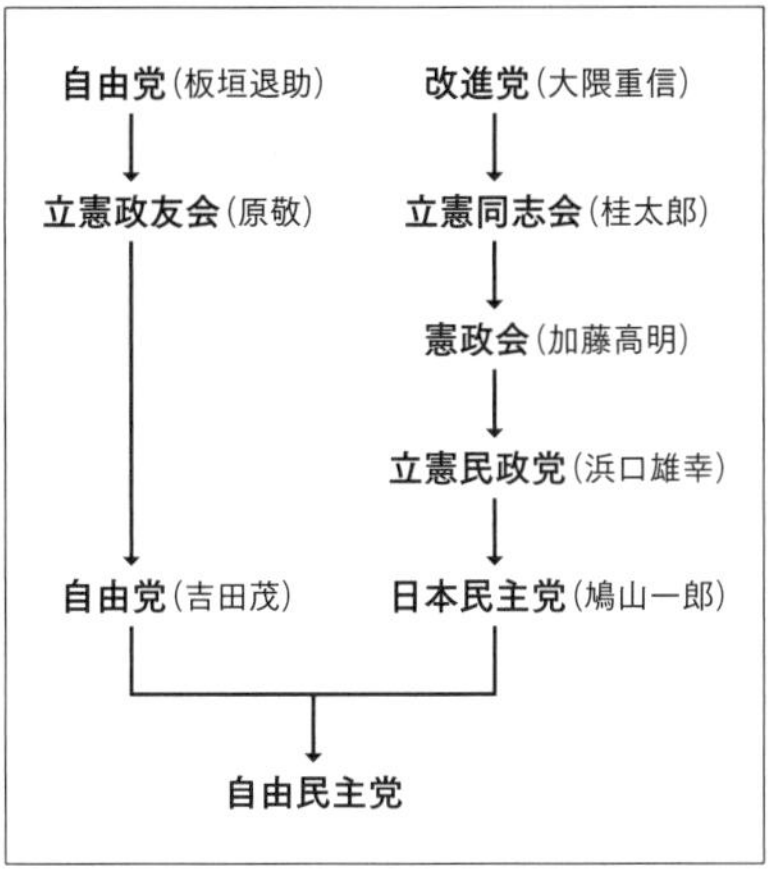

※（　）内は主な実力者

原敬以後、今も変わっていない権力構造

このように、戦前の一時期、日本には二大政党制が根づきました。しかし、なぜ現代の日本で、それができないのでしょうか。

戦後、日本社会党《にほんしゃかいとう》（以下、社会党）が勢力を伸ばしたからです。

戦前、政友会と民政党は汚職などの欠点はありましたが、愛国心や皇室については否定しませんでした。保守政党による二大政党制です。戦後も、そこから再出発するはずでした。ところが、昭和二十一（一九四六）年の総選挙の際、連合国軍最高司令官マッカーサーが選挙干渉を行ないます。選挙直前、民政党の後身である日本進歩党《にほんしんぽとう》（戦前の進歩党とは異なる）所属代議士の九割以上に相当する二六〇人を公職追放したのです。躍進したのが、ソ連ばりの社会主義を奉じた社会党でした。

いっぽう、政友会出身の鳩山一郎《はとやまいちろう》らは日本自由党《にほんじゆうとう》を結党し、吉田茂《よしだしげる》が総裁のときに内閣を組織します。その後、民主自由党《みんしゆじゆうとう》、自由党《じゆうとう》と党名が変わり、自由党を抜けた鳩山は日本民主党《にほんみんしゅとう》を結成します。

保守政党である自由党と日本民主党が争うなか、革新政党である社会党がどんどん伸びていきました。米ソ冷戦下、保守政党どうしで共倒れになることを、財界などが危惧します。そして昭和三十（一九五五）年、自由党と日本民主党が合併し、自由民主党が結成されました。いわゆる「保守合同」です。これは対等合併とされていますが、組織構造上は吸収合併であり、その後は自由党に連《つら》なる人が「保守本流」と言われ、中核をなしました。以降、保守政党と革新政党の対立構造、すなわち「五五年体制」が続くことになります。

自民党は、設立当初は「二〇年もてばいい」とされた時限政党でした。ところが、いったん政権に就くと、そこにあぐらをかいてしまいます。自民党は必ず第一党であり、与党。そして第二党、つまり野党第一党は必ず社会党。ここに、万年与党と万年野党の馴《な》れ合いが生まれます。五五年体制はおたがいにとって、安楽だったのです。

高度成長期は利権のバラマキができたので、問題は表面化しませんでしたが、だんだんとほころびが出てきます。

そして、自民党結党から約二〇年たった昭和五十一（一九七六）年、自民党の河野洋平《こうのようへい》・西岡武夫《にしおかたけお》らによって新自由《しんじゆう》クラブが結成されます。その後も、現在に至るまでさまざまな新党が結成されています（カッコ内は結成年と中心人物）。日本新党《にほんしんとう》（一九九二年・細川護熙《ほそかわもりひろ》）、みんなの党《とう》（二〇〇九年・渡辺喜美《わたなべよしみ》）、大阪維新《おおさかいしん》の会《かい》（二〇一〇年・橋下徹《はしもととおる》）、希望《きぼう》の党《とう》（二〇一七年・小池百合子《こいけゆりこ》）。これらは、いずれも都市を基盤にしています。

いっぽう、自民党は基本的に地方に利権を導入し、固定票を得てきました。都市人口より農村人口が多かった時代の政党なのです。実際に、農協は確実に票を入れてくれました。ところが戦後、農民人口がどんどん減っていくと、失った票をゼネコンで埋めました。それでも足らなくなったので、現在は創価学会に頼っています。

しかし、国民が本気で怒ると、平成二十一（二〇〇九）年の衆議院選挙のように、自民党が大敗し、民主党《みんしゆとう》が圧勝するケースも出てきます。ただ、国民（有権者）が本気で怒るのは一五年に一度ぐらいですが……。

五五年体制を終わらせた日本新党にしても、政権交代を成し遂げた民主党にしても、官僚の言いなりにならないことを売りにしていましたから、官僚と談合できません。本来それは良いことのはずですが、官僚にサボタージュされては何もできません。実務に弊害が生じ、国家運営に支障が出るため、国民には「政治が悪い」と思われてしまいます。官僚をうまく使いこなせないという意味では、政治家に責任があります。

そして、有権者はまた自民党に戻ってくる。しかし、自民党が官僚を使いこなしているわけではありません。官僚の操り人形になることができるだけです。

つまり、桂園時代の原敬が官僚と妥協して権力を握ったレジームは、現代でも続いているわけです。そして、桂が新党をつくった目的は――今も変わらない――この構造の打破だったのです。その意味では、我々は桂以上の政治家を持てていないことになります。

桂、死す

桂は、健康に恵まれませんでした。前述のように、胃がんにかかっていました。山県有朋は八五歳、松方正義は九〇歳、西園寺公望は九二歳まで生きています。もし桂が西園寺のように、あと二〇〜二五年生きていたら、日本の近代史はまちがいなく変わっていたでしょう。しかし、天は桂にそこまでの寿命を与えませんでした。

ジャーナリスト・評論家の三宅雪嶺《みやけせつれい》は第三次桂内閣辞職の折、「桂が精神的に健康だったら、もうすこし事《こと》をたくみになしえただろうに、年のせいか、病が重なったためか、思慮も、判断も、態度も、あるべき形とは離れていたことが多かった」と評しています（三宅雪嶺『同時代史』第四巻）。

第一次山本内閣成立から四日後の大正二（一九一三）年二月二十四日、桂は立憲同志会の議員総会を開き、綱領と政策案を決議します（273ページの写真）。

そして二十八日、桂は築地精養軒で同党の懇親会の席で「不本意ながら、ときに妥協、あるいは情意投合の方法を行ない、かろうじて難局を切り抜けてきたが、非常に難しかった。財政の整理や内政の改良をするためには、政党を組織しなければならないと確信した」と演説します（徳富『公爵桂太郎伝』坤巻）。つまり、「政友会にたかられてばかりいては、あるべき政治などできない！」と、ぶちまけたわけです。

三月には、日本に亡命中の孫文にも会っていますが、話の内容がぶっ飛んでいます。東洋からイギリスの勢力を駆逐するために、日本・支那・トルコ・ドイツ・オーストリアで同盟を結ぼう、と言うのです。（小林『桂太郎』）。これは、孫文の同行者の記録によるものですが、本当だとしたら、孫文をおちょくっています。とても本気とは思えません。

病身の桂でしたが、新党組織のため、毎日のように会合に出席します。四月七日、宴会でめまいをもよおし、帰宅しました。翌日、代議士の浜口吉右衛門《はまぐちきちえもん》の議会報告会で一時間ほど演説をしましたが、腹痛で中座し、帰宅。九日は、加藤高明の中国行きの送別会を桂の邸宅で開いていますが、桂自身は姿を現しませんでした。

病状は日に日に悪くなっていき、六月三日には葉山に転地し、十九日にはさらに鎌倉に転地します。その間、十六日には愛息・與一に先立たれます。

このころには、桂が不治の病に侵されていることが周囲に伝わり始め、寺内正毅が徳富蘇峰を通じて「政党も大切でしょうが、命あっての物種《ものだね》だから、ゆっくり静養したほうがいいでしょう」と伝言します。

対して、桂は「予が生命は政治である。これを止めて長生きしたところで生きている甲斐

演説する桂

大正 2(1913)年 2 月 24 日、立憲同志会の議員総会にて(中央立ち姿)

がない。その辺の意味を詳《つまび》らかに寺内に告げてもらいたい」と答えるのです（徳富猪一郎『政治家としての桂公』）。陸軍軍人としてスタートした桂が、骨の髄《ずい》まで政治家になっていることがわかります。

七月十五日、立憲同志会は、加藤高明・後藤新平・大浦兼武・大石正巳《おおいしまさみ》・河野広中という癖《くせ》がある幹部五人による五常務体制になります。加藤・後藤・大浦は官僚出身、大石・河野は自由民権運動以来の党人政治家です。

桂の病状は悪化と回復を繰り返しますが、九月十二日には言葉を失い、右半身が麻痺します。十月六日、危篤となります。八日には加藤・後藤・山県・原、それに若槻礼次郎が見舞いに訪れています。最後のお別れです。

そして九日に昏睡状態に陥り、十日に息を引き取りました。享年六六歳です。

葬儀に集まった民衆

桂の葬儀を国葬にしようとの話が持ち上がりますが、首相の山本権兵衛と内相の原敬は、皇族や旧薩摩藩・旧長州藩の藩主以外に、国葬とされたのは三条実美・岩倉具視・伊藤博文だけだとして、国葬にしませんでした（千葉『桂太郎』）。

桂の死去後、皇族以外では大山巌・山県有朋・松方正義・東郷平八郎・西園寺公望・山本《やまもと》五十六《いそろく》が国葬になっています。戦後は吉田茂のみ。ちなみに、大隈重信は国民葬です。この顔ぶれを見ると、なぜ桂が国葬でないのか、わかりません。特に、西園寺が国葬で、桂が国葬でないのは理由不明です。

池辺三山は第二次桂内閣の時代、桂およびその内閣を「超然主義の内閣では伊藤公が第一に失敗し、また山県公もよくいかなかった。しかし桂さんのは存外よくいく。この前にもよくやったが、今度もうまくいきそうである。ところが、世の人はこれを見て、あの人は超然主義でやっていくのはよほどエライと言っている。しかし何ぞ知らん。あの人のは超然は超然でも、党派的超然である。いつでも党派を抑えている。超然政党というか、あるいは超然党というか、やはりあの人仲間がある。官僚や属官のなかに、その仲間あるのみならず、いわゆる政党のなかにもチャンと仲間がある。ただ政党というものに固着せぬだけである」と評しています（池辺『明治維新三大政治家』）。

しかし、桂は晩年、これまでの仲間たち全員を裏切った格好になってしまいました。日本の政治を変えるべく、孤軍奮闘。元気なうちは耐え忍んだものの、がんの進行と共に我慢が効《き》かなくなってしまいました。そして、日本をイギリスのような二大政党制の国にすべく道筋をつけようと焦っていました。

大正二（一九一三）年十月十九日、桂の葬儀は東京・芝《しば》の増上寺《ぞうじょうじ》で盛大に営まれ、会葬者は数千人に達しました。八カ月前の憲政擁護運動を忘れたかのように、民衆は葬儀会場に押し寄せ、桂の死を悼《いた》みました。

謝辞

執筆にあたり、倉山工房の徳岡知和子さんに大いに助けていただいた。私の「憲政史担当のアシスタント」である。祥伝社の飯島英雄さんにも苦しい時局のなか、支えていただいた。二人に感謝したい。

参考文献

桂太郎伝記・書簡集

宇野俊一校注『桂太郎自伝』（平凡社、一九九三年）
安藤照『お鯉物語』（福永書店、一九二七年）
安藤照『続お鯉物語』（福永書店、一九二八年）
宇野俊一『桂太郎』（吉川弘文館、二〇〇六年）
川原次吉郎『桂太郎 三代宰相列伝』（時事通信社、一九五九年）
小林道彦『桂太郎――予が生命は政治である』（ミネルヴァ書房、二〇〇六年）
杉山茂丸『桂大将伝』（博文館、一九一九年）
千葉功編『桂太郎発書翰集』（東京大学出版会、二〇一一年）
千葉功『桂太郎――外に帝国主義、内に立憲主義』（中公新書、二〇一二年）
徳富猪一郎『政治家としての桂公』（民友社、一九一三年）
徳富猪一郎編述『公爵桂太郎伝』乾巻・坤巻（故桂公爵記念事業会、一九一七年）

※以下、初出のみ表記

第一章

榊山潤『知将・毛利元就の生涯』（立風書房、一九九六年）

徳富猪一郎編述『公爵山県有朋伝』上巻・下巻（山県有朋公記念事業会、一九三三年）
水谷三公『官僚の風貌』（中公文庫、二〇一三年）
潮木守一『京都帝国大学の挑戦』（講談社学術文庫、一九九七年）
朝倉治彦・三浦一郎編『世界人物逸話大事典』（角川書店、一九九六年）
クラウゼヴィッツ著、篠田英雄訳『戦争論』（岩波文庫、一九六八年）

第二章

伊藤博文著、宮沢俊義校註『憲法義解』（岩波文庫、一九四〇年）
安田直『西郷従道』（国光書房、一九〇二年）
陸奥宗光『蹇蹇録』（岩波文庫、一九三三年）
竹内正浩『「家系図」と「お屋敷」で読み解く歴代総理大臣　明治・大正篇』（実業之日本社、二〇一七年）
池辺三山『明治維新三大政治家――大久保・岩倉・伊藤論』（中公文庫、一九七五年）
小田急電鉄株式会社編『利光鶴松翁手記』（大空社、一九九七年）
升味準之輔『日本政党史論』第二巻（東京大学出版会、一九六六年）
有泉貞夫『星亨』（朝日新聞社、一九八三年）

第三章

竹中亨『ヴィルヘルム2世――ドイツ帝国と命運を共にした「国民皇帝」』（中公新書、二〇一八年）

中山治一編『世界の歴史 第13 帝国主義の時代』(中央公論社、一九六一年)
永井和『近代日本の軍部と政治』(思文閣出版、一九九三年)
谷壽夫『機密日露戦史 新装版』(原書房、二〇〇四年)
樋口清之監修、福田三郎まんが『学研まんが 日本の歴史13 日清・日露の戦い 明治時代・後期』(学習研究社、一九八二年)
宮内庁編『明治天皇紀』第十(吉川弘文館、一九七四年)
藤井信行『「日英同盟」協約交渉とイギリス外交政策』(春風社、二〇〇六年)
前田蓮山『政変物語』(文成社、一九一七年)
原奎一郎編『原敬日記』全六巻(福村出版、一九六五〜六七年)
立憲政友会史編纂部編『立憲政友会史』第貳巻(立憲政友会史編纂部、一九二四〜二六年)
大竹博吉訳『ウィッテ伯回想記 日露戦争と露西亜革命』上(南北書院、一九三一年)
保田孝一『最後のロシア皇帝ニコライ二世の日記』(講談社学術文庫、二〇〇九年)
升味準之輔『日本政党史論』第三巻(東京大学出版会、一九六七年)
外務省編『小村外交史』(新聞月鑑社、一九五三年)
司馬遼太郎『坂の上の雲』全八巻(文春文庫、一九九九年)
平野恵一『ニューヨークに輝く高平小五郎――明治時代のアメリカにおける外交官の業績』(富英社、二〇〇六年)
前田蓮山『原敬 三代宰相列伝』(時事通信社、一九五八年)

第四章
岡義武『明治政治史』下（岩波文庫、二〇一九年）
山室宗文『経済学全集第四十六巻　金解禁を中心とせる我国経済及金融』（改造社、一九三一年）
三谷太一郎『日本政党政治の形成――原敬の政治指導の展開』（東京大学出版会、一九六七年）
若槻礼次郎『明治・大正・昭和政界秘史――古風庵回顧録』（講談社学術文庫、一九八三年）
伊藤整責任編集『日本の名著44　幸徳秋水』（中央公論社、一九七〇年）
平沼騏一郎回顧録編纂委員会編『平沼騏一郎回顧録』（学陽書房、一九七〇年）
岩城之徳著・近藤典彦編『石川啄木と幸徳秋水事件』（吉川弘文館、一九九六年）

第五章
近藤操『加藤高明　三代宰相列伝』（時事通信社、一九五九年）
財部彪著、坂野潤治ほか編『財部彪日記』下（山川出版社、一九八三年）
前田蓮山『歴代内閣物語』上（時事通信社、一九六一年）
田健治郎伝記編纂会編『田健治郎伝』（田健治郎伝記編纂会、一九三二年）

終章
斎藤隆夫『回顧七十年』（中公文庫、一九八七年）
三宅雪嶺『同時代史』第四巻（岩波書店、一九五二年）

倉山満著作

『嘘だらけの日米近現代史』（扶桑社新書、二〇一二年）
『帝国憲法物語――日本人が捨ててしまった贈り物』（ＰＨＰ研究所、二〇一五年）
『お役所仕事の大東亜戦争――なぜ日本は敗戦国のままなのか』（三才ブックス、二〇一五年）
『日本一やさしい天皇の講座』（扶桑社新書、二〇一七年）
『残念すぎる　朝鮮１３００年史』（祥伝社新書、二〇一八年、宮脇淳子氏との共著）
『国民が知らない上皇の日本史』（祥伝社新書、二〇一八年）
『世界一わかりやすい日本憲政史　明治自由民権激闘編』（徳間書店、二〇一九年）
『ウェストファリア体制――天才グロティウスに学ぶ「人殺し」と平和の法』（ＰＨＰ新書、二〇一九年）

切りとり線

★読者のみなさまにお願い

この本をお読みになって、どんな感想をお持ちでしょうか。祥伝社のホームページから書評をお送りいただけたら、ありがたく存じます。今後の企画の参考にさせていただきます。また、次ページの原稿用紙を切り取り、左記まで郵送していただいても結構です。

お寄せいただいた書評は、ご了解のうえ新聞・雑誌などを通じて紹介させていただくこともあります。採用の場合は、特製図書カードを差しあげます。

なお、ご記入いただいたお名前、ご住所、ご連絡先等は、書評紹介の事前了解、謝礼のお届け以外の目的で利用することはありません。また、それらの情報を6カ月を越えて保管することもありません。

〒101-8701（お手紙は郵便番号だけで届きます）
祥伝社　新書編集部
電話03（3265）2310
祥伝社ブックレビュー　www.shodensha.co.jp/bookreview

★本書の購買動機（媒体名、あるいは○をつけてください）

＿＿＿＿新聞の広告を見て	＿＿＿＿誌の広告を見て	＿＿＿＿の書評を見て	＿＿＿＿の Web を見て	書店で見かけて	知人のすすめで

★100字書評……桂太郎

名前

住所

年齢

職業

倉山 満　くらやま・みつる

憲政史研究者。1973年、香川県生まれ。中央大学文学部史学科卒業、同大学院文学研究科日本史学専攻博士後期課程単位取得満期退学。国士舘大学日本政教研究所などを経て、現在は倉山塾塾長。ネット放送局「チャンネルくらら」主宰。著書に『検証 財務省の近現代史』(光文社新書)、『嘘だらけの日米近現代史』(扶桑社新書)、『国民が知らない上皇の日本史』、共著に『残念すぎる 朝鮮1300年史』(共に祥伝社新書)、監修に『大隈重信、中国人を大いに論ず』(祥伝社)などがある。

桂《かつら》 太郎《たろう》
——日本政治史上《にほんせいじしじょう》、最高《さいこう》の総理大臣《そうりだいじん》

倉山《くらやま》 満《みつる》

2020年 6 月10日　初版第 1 刷発行

発行者……………………辻 浩明
発行所……………………祥伝社《しょうでんしゃ》
〒101-8701　東京都千代田区神田神保町3-3
電話　03(3265)2081(販売部)
電話　03(3265)2310(編集部)
電話　03(3265)3622(業務部)
ホームページ　www.shodensha.co.jp

装丁者……………………盛川和洋
印刷所……………………萩原印刷
製本所……………………ナショナル製本

Printed in Japan　ISBN978-4-396-11605-7　C0221

〈祥伝社新書〉
歴史に学ぶ

528
残念すぎる朝鮮1300年史
反日は歴史の必然！　この半島は古代から現代まで何も変わっていない
東洋史家 宮脇淳子
憲政史研究者 倉山　満

366
はじめて読む人のローマ史1200年
建国から西ローマ帝国の滅亡まで、この1冊でわかる！
東京大学名誉教授 本村凌二

168
ドイツ参謀本部　その栄光と終焉
組織とリーダーを考える名著。「史上最強」の組織はいかにして作られ、消滅したか
上智大学名誉教授 渡部昇一

379
国家の盛衰　3000年の歴史に学ぶ
覇権国家の興隆と衰退から、国家が生き残るための教訓を導き出す！
渡部昇一
本村凌二

541
日本の崩壊
日本政治史と古代ローマ史の泰斗が、この国の未来について語り尽くす
東京大学名誉教授 御厨　貴
本村凌二

〈祥伝社新書〉

『国民が知らない 上皇の日本史』

倉山 満 著

古代から江戸後期まで、60名以上の先例がある「上皇」。上皇とはどのような存在なのか？　天皇と上皇はどちらが上位か？　院政とのかかわりは？　明仁上皇が目指される光格上皇の先例とは？　上皇を通して、この国の歴史を読み解き、あるべき皇室の姿を探る。